DIVERSIDADE SEXUAL À LUZ DA PSICOLOGIA SÓCIO-HISTÓRICA

Editora Appris Ltda.
1.ª Edição - Copyright© 2024 do autor
Direitos de Edição Reservados à Editora Appris Ltda.

Nenhuma parte desta obra poderá ser utilizada indevidamente, sem estar de acordo com a Lei nº 9.610/98. Se incorreções forem encontradas, serão de exclusiva responsabilidade de seus organizadores. Foi realizado o Depósito Legal na Fundação Biblioteca Nacional, de acordo com as Leis nos 10.994, de 14/12/2004, e 12.192, de 14/01/2010.

Catalogação na Fonte
Elaborado por: Dayanne Leal Souza
Bibliotecária CRB 9/2162

A162d 2024	Abreu, Leonardo Lani de
	    Diversidade sexual à luz da psicologia sócio-histórica / Leonardo Lani de Abreu. – 1. ed. – Curitiba: Appris, 2024.
	    187 p. : il. ; 23 cm. – (Coleção Educação, Tecnaridades e Transdisciplinaridades).
	
	    Inclui referências.
	    ISBN 978-65-250-6762-9
	
	1. Psicologia sócio-histórica. 2. Diversidade sexual. 3. Homofobia. 4. Educação. I. Sampaio, Helena. II. Título. III. Série.
	
	                                            CDD – 150

Livro de acordo com a normalização técnica da ABNT

Appris
editora

Editora e Livraria Appris Ltda.
Av. Manoel Ribas, 2265 – Mercês
Curitiba/PR – CEP: 80810-002
Tel. (41) 3156 - 4731
www.editoraappris.com.br

Printed in Brazil
Impresso no Brasil

Leonardo Lani de Abreu

DIVERSIDADE SEXUAL À LUZ DA PSICOLOGIA SÓCIO-HISTÓRICA

Appris *editora*

Curitiba, PR

2024

FICHA TÉCNICA

EDITORIAL
Augusto Coelho
Sara C. de Andrade Coelho

COMITÊ EDITORIAL
Ana El Achkar (Universo/RJ)
Andréa Barbosa Gouveia (UFPR)
Antonio Evangelista de Souza Netto (PUC-SP)
Belinda Cunha (UFPB)
Délton Winter de Carvalho (FMP)
Edson da Silva (UFVJM)
Eliete Correia dos Santos (UEPB)
Erineu Foerste (Ufes)
Fabiano Santos (UERJ-IESP)
Francinete Fernandes de Sousa (UEPB)
Francisco Carlos Duarte (PUCPR)
Francisco de Assis (Fiam-Faam-SP-Brasil)
Gláucia Figueiredo (UNIPAMPA/ UDELAR)
Jacques de Lima Ferreira (UNOESC)
Jean Carlos Gonçalves (UFPR)
José Wálter Nunes (UnB)
Junia de Vilhena (PUC-RIO)

Lucas Mesquita (UNILA)
Márcia Gonçalves (Unitau)
Maria Aparecida Barbosa (USP)
Maria Margarida de Andrade (Umack)
Marilda A. Behrens (PUCPR)
Marília Andrade Torales Campos (UFPR)
Marli Caetano
Patrícia L. Torres (PUCPR)
Paula Costa Mosca Macedo (UNIFESP)
Ramon Blanco (UNILA)
Roberta Ecleide Kelly (NEPE)
Roque Ismael da Costa Güllich (UFFS)
Sergio Gomes (UFRJ)
Tiago Gagliano Pinto Alberto (PUCPR)
Toni Reis (UP)
Valdomiro de Oliveira (UFPR)

SUPERVISORA EDITORIAL
Renata C. Lopes

PRODUÇÃO EDITORIAL
Adrielli de Almeida

REVISÃO
Bruna Fernanda Martins

DIAGRAMAÇÃO
Amélia Lopes

ADAPTAÇÃO DA CAPA
Mariana Brito

ILUSTRAÇÃO DA CAPA
Gabriel Rodrigues Ribeiro de Oliveira

REVISÃO DE PROVA
Bruna Santos

COMITÊ CIENTÍFICO DA COLEÇÃO EDUCAÇÃO, TECNOLOGIAS E TRANSDISCIPLINARIDADE

DIREÇÃO CIENTÍFICA
Dr.ª Marilda A. Behrens (PUCPR)

Dr.ª Patrícia L. Torres (PUCPR)

CONSULTORES
Dr.ª Ademilde Silveira Sartori (Udesc)

Dr. Ángel H. Facundo
(Univ. Externado de Colômbia)

Dr.ª Ariana Maria de Almeida Matos Cosme
(Universidade do Porto/Portugal)

Dr. Artieres Estevão Romeiro
(Universidade Técnica Particular de Loja-Equador)

Dr. Bento Duarte da Silva
(Universidade do Minho/Portugal)

Dr. Claudio Rama (Univ. de la Empresa-Uruguai)

Dr.ª Cristiane de Oliveira Busato Smith
(Arizona State University /EUA)

Dr.ª Dulce Márcia Cruz (Ufsc)

Dr.ª Edméa Santos (Uerj)

Dr.ª Eliane Schlemmer (Unisinos)

Dr.ª Ercilia Maria Angeli Teixeira de Paula (UEM)

Dr.ª Evelise Maria Labatut Portilho (PUCPR)

Dr.ª Evelyn de Almeida Orlando (PUCPR)

Dr. Francisco Antonio Pereira Fialho (Ufsc)

Dr.ª Fabiane Oliveira (PUCPR)

Dr.ª Iara Cordeiro de Melo Franco (PUC Minas)

Dr. João Augusto Mattar Neto (PUC-SP)

Dr. José Manuel Moran Costas
(Universidade Anhembi Morumbi)

Dr.ª Lúcia Amante (Univ. Aberta-Portugal)

Dr.ª Lucia Maria Martins Giraffa (PUCRS)

Dr. Marco Antonio da Silva (Uerj)

Dr.ª Maria Altina da Silva Ramos
(Universidade do Minho-Portugal)

Dr.ª Maria Joana Mader Joaquim (HC-UFPR)

Dr. Reginaldo Rodrigues da Costa (PUCPR)

Dr. Ricardo Antunes de Sá (UFPR)

Dr.ª Romilda Teodora Ens (PUCPR)

Dr. Rui Trindade (Univ. do Porto-Portugal)

Dr.ª Sonia Ana Charchut Leszczynski (UTFPR)

Dr.ª Vani Moreira Kenski (USP)

isso de querer
ser exatamente aquilo
que a gente é
ainda vai
nos levar além

(Paulo Leminski, 2017, p. 68)

PREFÁCIO

Fiquei muito lisonjeado em receber o convite do Leonardo para escrever este prefácio ao seu livro inspirador, Diversidade à luz da psicologia sócio-histórica. A diversidade, neste caso, se refere principalmente à diversidade sexual e de gênero e a forma como ela é percebida e tratada num ambiente escolar.

Ao pesquisar, ouvir e analisar as falas de quatro grupos diferentes de uma comunidade escolar (estudantes, professores/as, gestoras e técnicas/os-administrativas/os) a respeito de suas concepções sobre diversidade sexual e como os temas de gênero e diversidade seriam abordados neste ambiente, Leonardo pôde evidenciar que "a ênfase das escolas ainda está depositada nos aspectos biológicos do sexo, o que acarreta, dentre outros dissabores, a invisibilização das identidades LGBTQIA+".

Leonardo atribui, em parte, esta situação ao patriarcado e ao capitalismo, que de certa forma andam de mãos dadas quando se trata de questões de gênero e de diversidade sexual, e não reconhecem a diversidade como um aspecto da condição humana. Isto se explicaria pela ideia fixa e binária de que há um sexo passivo (feminino) e outro ativo (masculino) que remonta à proximidade entre prazer e poder, o que Leonardo denomina complementaridade entre o patriarcado e o capitalismo. Neste contexto, o masculino "viril" domina, inclusive nos espaços de tomada de decisão, e o feminino e as dissidências sexuais, entre outras formas de diversidade, são inferiorizados. Este fenômeno acaba sendo refletido no ambiente escolar, ao ponto de haver um silenciamento a seu respeito.

Como estudioso na área da educação, tenho pesquisado sobre este assunto, e como militante e ativista da causa LGBTI+, tenho atuado com o intuito, ainda que muitas vezes frustrado, de mobilizar esforços para que haja políticas públicas que promovam a educação para o respeito à diversidade para que, como Leonardo observa com muita propriedade, "todas as pessoas tenham o direito básico de serem quem elas são".

Leonardo constata que há um movimento voltado para "extirpar os elementos progressistas da prática educativa, que se grava na essência daquilo que é humano", manifestado por "um tour de force epistemológico tenta convencer a todos do contrário".

Isto nos faz refletir sobre os avanços e os retrocessos que ocorreram nos últimos trinta anos no que diz respeito à educação para o respeito à diversidade, e à diversidade sexual e de gênero, sendo que estes últimos, os retrocessos, envolvendo a perseguição a profissionais da educação que abordassem estes temas na sala de aula, sob pena de processo judicial ou até de demissão, contribuíram muito, também, para o estabelecimento do "apagão" do tema nas escolas.

Assim como eu, na minha tese de doutorado defendida em 2012, Leonardo vê como resposta a esta situação a possibilidade de a formação inicial e continuada dos/das profissionais de educação incluir a capacitação em questões de respeito à diversidade sexual, não como privilégio, mas como mais um elemento de todo o espectro da diversidade humana, que se manifesta no ambiente educacional e na sociedade em geral, dentro de um contexto de desigualdades sociais. Como bem observa o Leonardo, "somente a educação pode conscientizar as classes populares de que seu verdadeiro problema não é a forma de agir das minorias sexuais, e sim a desigualdade social".

Com a atual polarização acentuada da sociedade entre duas vertentes divergentes, em que os direitos das chamadas "minorias sexuais" ainda servem de moeda de troca e não são garantidos, diante dos esforços voltados para atingir a governabilidade, envolvendo o executivo e o legislativo federal, ainda fica remoto o alcance do ideal em que o respeito à diversidade sexual seja mais um elemento da educação formal. No entanto, não podemos nos resignar a isso e desistir. Temos que continuar lutando. Tenho certeza de que, no final, o verdadeiro espírito da democracia e da solidariedade e da dignidade humana vencerá.

Desejo boa leitura deste livro, na certeza de que vai enriquecer os conhecimentos sobre a diversidade sexual.

Toni Reis

Doutor em Educação

Presidente da Aliança Nacional LGBTI+ e da Associação Brasileira de Famílias Homotransafetivas

AGRADECIMENTOS

À Araci Asinelli da Luz, pela orientação paciente, segura, amorosa e, por que não dizer, iluminada.

Aos participantes dos grupos focais, pela disposição em falar a respeito de um tema que ainda é objeto de tantos tabus.

À Priscila e à Clarice, por me impelirem "ao infinito e além".

À Lua e à Vênus, por proporcionarem tanto e exigirem tão pouco em troca.

E, *last but not least*, ao Chorão, que entrou sorrateiramente na minha família e conquistou a todos (exceto a Lua e a Vênus).

SUMÁRIO

1
INTRODUÇÃO 13

2
OBSERVAÇÕES SÓCIO-POLÍTICO-CULTURAIS SOBRE
A DIVERSIDADE SEXUAL 25
2.1 PRIMEIRAS APROXIMAÇÕES 25
    2.1.1 Diversidade sexual e homofobia............................. 27
    2.1.2 Pós-modernidade e identidade............................... 31
2.2 O MARXISMO E A EMANCIPAÇÃO SEXUAL 34
    2.2.1 A atualidade do conceito de classe social.................. 34
    2.2.2 Intersecções entre classe, gênero e orientação sexual 37
    2.2.3 Trabalho, cultura e educação 40
    2.2.4 Questões de gênero 54

3
ITINERÁRIOS DA PESQUISA.. 61
3.1 PSICOLOGIA SÓCIO-HISTÓRICA COMO BASE COMPREENSIVA DAS
SIGNIFICAÇÕES ACERCA DA DIVERSIDADE SEXUAL NA EDUCAÇÃO 61
3.2 CAMINHOS METODOLÓGICOS 65
    3.2.1 Considerações gerais 65
    3.2.2 Religião e controle da sexualidade........................... 72
    3.2.3 Recortes analíticos 75

4
POSICIONAMENTOS DAS(OS) DOCENTES SOBRE
A DIVERSIDADE SEXUAL 81

5
(DES)RESPEITO À DIVERSIDADE SEXUAL NO AMBIENTE ESCOLAR .. 109

6
CONSIDERAÇÕES INDICATIVAS.. 145

REFERÊNCIAS 149

INTRODUÇÃO

A diversidade sexual é o assunto da vez. A projeção de artistas fora das expectativas convencionais de sexualidade e de gênero, tais como Liniker, Johnny Hooker, Linn da Quebrada e Pabllo Vittar, acena para uma maior inconformidade do público quanto à lógica binária que vinha regendo quase que sem objeções a corporeidade masculina e feminina. Mais e mais empresas têm contratado dissidentes de gênero e sexualidade, em busca, dentre outros objetivos, de ganho de imagem e arejamento de seu *staff*. Em 2020, pelo menos 27 pessoas trans foram eleitas para as Câmaras Municipais brasileiras (Resende, 2020). Multiplicam-se os trabalhos acadêmicos — artigos científicos, trabalhos de conclusão de curso, dissertações, teses — que se debruçam sobre a temática tratada.

O setor empresarial, de olho no *pink money*, não para de oferecer produtos específicos para o mercado LGBTQIA+ — lésbicas, gays, bis-sexuais, travestis, queers, transexuais, intersexuais, assexuais e outras orientações sexuais, identidades e expressões de gênero (Reis, 2018). As pessoas não heterossexuais não dependem apenas da academia ou do consumo para se evidenciarem. Suas organizações representativas têm conquistado notabilidade e, entre outras realizações, feito alianças com parceiros estratégicos à efetuação de seus desideratos políticos.

A Associação Brasileira de Lésbicas, Gays, Bissexuais, Travestis, Transexuais e Intersexos (ABGLT) deu uma contribuição ímpar para o reconhecimento da união estável homoafetiva ao ingressar como *amicus curiae* na Arguição de Descumprimento de Preceito Constitucional n.º 132 e na Ação Direta de Inconstitucionalidade (ADI) n.º 4.277 (Associação Brasileira de Lésbicas, Gays, Bissexuais, Travestis, Transexuais e Inter-sexos, [s.d.]). Os ministros do STF reconheceram sem votos contrários a paridade entre a união homoafetiva e os demais núcleos familiares (Supremo Tribunal Federal, 2011), numa decisão que trouxe grande alívio para os 60 mil casais do mesmo sexo declarados no Censo 2010 (Vieira, 2012) e também para os não declarados.

Ao observar que a Carta de 1988 seria enfraquecida se sua leitura se vergasse à opinião pública dominante, o ministro Marco Aurélio Mello nos pôs frente a frente com o reverso da moeda em relação à inclusão social da comunidade LGBTQIA+. O preenchimento da lacuna legislativa pelo STF se soma aos êxitos já granjeados a fim de que os direitos das(os) dissidentes de gênero e sexualidade ombreiem com os das pessoas cisgêneras e heterossexuais, em concretização aos princípios constitucionais da liberdade e da igualdade. Em contrapartida, ele fez ver o quanto as(os) legisladoras(es) brasileiras(os) são infensas(os) a problemáticas que contradigam valores seus e de seu eleitorado. Houve parlamentares que desfizeram o longo silêncio sobre o tema e prorromperam em invectivas contra as(os) ministras(os) da corte (Macedo, 2011).

Já se foi um decênio desde essa decisão do STF e o Legislativo mal se moveu para regular os direitos LGBTQIA+, apesar de rogado a tanto pelo ministro Cezar Peluso (Gorisch, 2014). A bancada religiosa tem feito o inverso: de um lado, tenta emplacar uma legislação antiLGBTQIA+, e, de outro, opõe-se ferrenhamente a propostas pró-LGBTQIA+. No primeiro caso, pode ser citado o Estatuto da Família (PL 6583/2013), que omite os casais homossexuais no conceito de família (Brasil, 2013); no segundo, a tramitação morosa de projetos como o apresentado por Marta Suplicy (PLS 612/2011), que viabilizaria o casamento civil e as uniões estáveis entre pessoas do mesmo sexo biológico (Brasil, 2011), mas foi arquivado em 2018 ao final da legislatura da senadora. É escusado dizer que, sem uma legislação específica para elas, as pessoas LGBTQIA+ ficam em um limbo jurídico.

A vaga autoritária observada nos últimos anos na democracia brasileira centra-se no fabrico de adversários com perfil bem delineado, contra os quais se derrama todo tipo de ofensas. A artilharia cerrada contra as minorias mantém os agrupamentos sociais majoritários em permanente mobilização e os dota de uma válvula de escape para suas próprias frustrações. O pânico moral contemporâneo ao redor da diversidade sexual é facilitado tanto pela comunicação digital quanto por um capitalismo neoliberal que age ao arrepio de qualquer regulação. A única tolerância que tem sido largamente incorporada é a tolerância ao sofrimento alheio.

Muito do que já se disse é de conhecimento geral. Nas rodas de conversa, é frequente alguém deplorar o esfacelamento social ora em curso, no que é imediatamente imitado por seus interlocutores. Essas reprovações, mesmo refletindo um compreensível desassossego diante do assalto reacionário em voga no Brasil e em outros países, são inócuas, porque caem na falácia de que os direitos humanos eram mais bem defendidos no passado. A única garantia para os direitos humanos é a militância social. Na política, a inação de um grupo é o sinal para a ação de outro. A sociedade hiperconsumista, com sua apatia, baixa a guarda para o fundamentalismo de grupos que querem destruir o Estado laico.

As minorias são depositárias das esperanças da humanidade, por não fazerem caso das previsões mais sombrias e unirem-se para imprimir um novo sentido à história. Os direitos humanos não são equiparáveis a um palavrório oco. O uso contumaz de categorias como "justiça", "liberdade" e "democracia" para encobrir a subalternização de um grupo por outro não ofusca a habilidade dos oprimidos em voltar as armas do opressor contra ele próprio, em relativização ao epigrama de que "[...] *as ferramentas do senhor nunca derrubarão a casa-grande*" (Lorde, 2019, p. 137, grifo da autora). É pela práxis educativa que a teoria pode eletrizar as massas e tornar-se uma força material (Marx, 2010).

Para constituir uma sociedade em que as pessoas sejam tratadas como gente, é vital repelir a falsa antinomia entre o pessoal e o estrutural. Qualquer performance política que não parte da premissa de que a desigualdade material é a mãe de todas as discriminações resulta em retoques cosméticos que mantêm incólume o império capitalista. A inclusão que não perquire sobre a justeza da ordem capitalista é uma inclusão pela metade, que estatui que alguém pode de definir como quiser, desde que conte com dinheiro suficiente para bancar essa escolha. Os bens materiais são o maior índice de virilidade e o homossexual que possuí-los pode se dar ao luxo inclusive de alimentar — ou até mesmo exprimir — sentimentos homofóbicos.

O grau de coesão de uma cultura depende da vivacidade dos valores que ela abriga. A masculinidade e a feminilidade são os valores culturais mais importantes, porque fundamentam outros valores. Sua relação é biunívoca: o rebaixamento da feminilidade é a contraparte necessária ao engrandecimento da masculinidade. Somente a masculinidade viril, encharcada pela violência, atende à intencionalidade segregadora do sistema econômico. Essa violência incorpora-se a um projeto preliminarmente traçado, do qual se seguem a divisão social do trabalho e os desníveis na distribuição de renda. Os proprietários dos meios de produção material também retêm os meios de produção mental, que são utilizados para convencer os que fazem o trabalho duro, mal pago e não valorizado socialmente de que a ordem social não pode ser organizada de outra maneira (Marx; Engels, 2007).

A cultura, no sentido antropológico, engloba todas as manifestações humanas. Por esse ponto de vista, ninguém é inculto. Para sobreviver, é forçoso transformar o mundo, em vez de só se adaptar a ele. À metamorfose da natureza — natural ou artificial — pelo engenho humano dá-se o nome de trabalho. Há, entre trabalho intelectual e braçal, o mesmo nexo que se verifica entre a mente e o corpo. A partição forçada dessa unidade transfigura em uma ocupação estupidificante o que é originalmente o pivô da individualização. A divisão do trabalho — entre países centrais e periféricos, entre homens e mulheres, entre a raça branca e as demais, entre intelectuais e operários ou até mesmo no interior da atividade intelectual, com a separação entre ciências humanas e exatas — é a pedra de toque do regime capitalista.

Das muitas abordagens pedagógicas possíveis sobre a diversidade sexual — biológico-higienista, moral-tradicionalista, terapêutica, religioso-radical, dos direitos humanos, dos direitos sexuais, *queer* e emancipatória (Furlani, 2016) —, reputo que essa última possui maior penetração analítica. As teorias dos direitos humanos, dos direitos sexuais e *queer* oferecem contributos significativos para o desabrochar de consciências. Nenhuma delas, porém, tem a força explicativa do materialismo histórico e dialético encarnado no enfoque emancipatório. Os partidários dessa abordagem não perdem tempo com ilusões reformistas e envidam todos os esforços pela remoção dos obstáculos sociais impingidos aos grupos minorizados.

Os pós-modernos, diante de um discutível esgotamento das metanarrativas — explicações que buscam dar conta de todos os aspectos da realidade social —, trocam os sonhos de libertação ampla da humanidade por subversões locais e particularizadas, a serem renovadas sem cessar (Lyotard, 2003). A pós-modernidade — termo de cientificidade questionável, pois o que se testemunha é a amplificação do que a modernidade tem de pior — elide as concepções totalizantes do sujeito, da sociedade ou da história em benefício da fragmentação, da subjetividade e da diferença. A principal limitação dessa "celebração do móvel" (Hall, 2006) é o fato dela não ser franqueável a todas(os), pelo menos não nas condições econômicas atuais.

O apego com o micro e a inabilidade no vislumbre dos nexos entre o singular e o universal têm dado à resistência ao poder o aspecto de mera bravata, ainda mais ante a lembrança de que o capital se imiscui em todos os domínios e níveis da existência individual e social. A burguesia, ávida por mercados virgens para despejar seus produtos, sempre foi expansionista (Marx; Engels, 2010). Sem mais territórios físicos para colonizar, o capitalismo se infiltra nas fímbrias da última fronteira: a mente humana. Cativas da tecnologia, as pessoas podem, com seus smartphones, serem demandadas profissionalmente a qualquer momento e bombardeadas por reclames publicitários que as induzem ao consumo de bens supérfluos, em troca dos quais hipotecam sua liberdade.

Em veneração à ordem capitalista, a publicidade descarada convive com a sub-reptícia. Na indústria do entretenimento, há um forte incentivo aos valores cruciais à reprodução da ordem econômica, como a violência, propalada como algo não apenas inexorável, mas também desejável. Ética e violência, típicas das relações entre os seres humanos, são antitéticas: a ética se exprime no respeito ao outro e a violência, no desrespeito. Onde uma avança, a outra recua. O esvaecimento dos critérios éticos implica na exaltação da violência. Qualquer sentimento de solidariedade é categorizado como um estorvo ao capitalismo, que reduz a maioria da população ao estado de "coisa", seja como peça substituível das linhas de produção, seja como mercadoria oferecida a preço vil nas vitrines das redes sociais.

A pior violência é a estrutural, utilizada pela minoria privilegiada para manter a maioria das pessoas numa situação de exploração e opressão. Essa violência surda, ínsita à sociedade de classes, não poderia existir sem a implantação da masculinidade como principal valor cultural. Para conquistá-la, os meninos e jovens devem expurgar de si qualquer rasgo de feminilidade que importune a manifestação da virilidade que deles se aguarda. A violência, venha de onde vier — dos pais, dos professores, dos colegas, do currículo — é o mal necessário que os tornará homens. "Seja homem!", um dos comandos que meninos e homens escutam repetidas vezes no decorrer da vida, tem quase o mesmo significado que "Seja violento!".

As meninas e moças são, amiúde, violentas. A masculinidade não é atávica e pode ser internalizada por qualquer pessoa. Contudo, ainda continua em pé a socialização que arrasta as mulheres à submissão e à passividade. Para elas, o ditame é outro: "Sejam delicadas!". A desigualdade subsiste na oferta inequânime de oportunidades aos atores sociais e a violência, no conjunto de práticas que tornam essa disparidade longeva. Todo ato violento visa, grosso modo, ao empobrecimento daquele a quem se dirige. O homicídio, expressão máxima da violência, priva a vítima do bem dos bens: a vida. As violências mais amenas, como zombarias e xingamentos, direcionam-se para o mesmo resultado, porque erodem a autoconfiança de seus destinatários e debilitam sua vontade de viver.

A autoestima varia em função da estima recebida dos outros. Os indivíduos socialmente excluídos — como os não heterossexuais o costumam ser — são mais predispostos a problemas como depressão, consumo de drogas — legais ou não —, pensamentos suicidas e mutilação corporal (Oliveira; Vedana, 2020). A comodificação das relações sociais solidifica em nós a crença de que os indivíduos são vítimas da história, em vez de autores dela. O dado alvissareiro é que nunca se consegue aniquilar a liberdade. Ela é a essência do ser humano e não há engodo ideológico que revogue essa verdade fundamental. Entre nós, o desejo de poder, que gesta a violência, coocorre com os desejos de autonomia e de diálogo (Todorov, 2008).

Pela educação, o veio social de constituição humana pode superar o antissocial. Não é a razão, causa de todos os progressos humanos, que deve ser rejeitada, mas as exorbitâncias cometidas em seu nome. Ceticismo demais amortece o ânimo, algo contraindicado para progredir nas mudanças que a sociedade necessita. Para que essas mudanças se processem rápida e eficazmente, cabe a nós buscar a melhor interpretação da realidade. O desvendamento de um fenômeno cultural exige a compreensão da totalidade social que o originou. Um dos pontos fortes do marxismo em relação ao cientificismo burguês é a consideração dinâmica da totalidade, em ininterrupta feitura pelos sujeitos históricos. Sem levá-la em conta, as circunstâncias isoladas são incognoscíveis.

Não se trata aqui do todo racional e necessário que estaria no fundo do aparente caos de experiências sensíveis (Hegel, 2011), mas do disciplinamento global que submete tudo e todos ao mercado. Em que pesem os intentos de naturalizar essa falsa totalidade, ela é histórica e, portanto, desconstrutível. Na contracorrente do fatalismo, que desincentiva as mudanças sociais de grande monta, localiza-se a práxis, conjunção entre teoria e prática capacitada a destrinchar os conceitos mistificadores que apequenam os seres humanos. Insigne discípulo da práxis, Paulo Freire (1921-1977) propõe uma educação não paternalista, que convida os sujeitos a libertarem-se a si mesmos, a partir da reflexão crítica sobre sua realidade.

Educação e cultura estão interligadas: a cultura é a natureza modificada pelos seres humanos e a educação, aquilo que os capacita a essa modificação. Em repúdio à separação cartesiana entre teoria e prática, a revisão inicial de literatura realizada no primeiro capítulo, em que se estabelece uma aproximação entre marxismo e diversidade sexual, é complementada nos capítulos em que se procede à análise dos núcleos de significação. O materialismo dialético que norteia esse livro repugna as separações dicotômicas entre subjetividade e objetividade ou individualidade e coletividade para assimilar os elementos constituintes do real como uma unidade, e, mais importante ainda, como uma unidade em movimento. O empírico é a porta de entrada para a totalidade na qual se conecta a vida concreta dos seres humanos.

Sujeito e realidade social produzem-se mutuamente: o sujeito depende do anteparo social e a sociedade, do dinamismo individual. A autossubsistência do sujeito, indicada pelo idealismo, ou da realidade social, sugerida pelo materialismo mecanicista, são igualmente afastadas pelo materialismo histórico dialético. Ao se entender a ascendência do concreto, cadinho em que se fundem múltiplas variáveis constitutivas, é possível acessar o sentido da relação entre os mundos subjetivo e objetivo. Pela abordagem qualitativa, adentrei no universo simbólico dos sujeitos da pesquisa — gestores, docentes, técnicos e alunos de uma escola de ensino fundamental da rede estadual na cidade de Rio Branco (AC) — sem negligenciar a dimensão objetiva que os condiciona.

Apesar de os sujeitos de pesquisa serem membros de outros conglomerados culturais — cidade, estado, país, mundo —, eles possuem uma cultura interna que lhes é própria e que aglutina seus valores e crenças (Nóvoa, 1995). A realização de grupos focais com cada subgrupo dessa cultura colocou-nos em contato com as diferentes significações atribuídas à diversidade sexual dentro de um mesmo espaço. Não efetivei um estudo etnográfico propriamente dito, porque ele demandaria uma longa imersão no campo, inviável em tempos pandêmicos. Mesmo os encontros de grupo focal, presenciais a princípio, tiveram de ser concluídos à distância, via Google Meet.

Apesar desse imprevisto, vali-me de importantes contribuições da etnografia: a afetação recíproca entre o pesquisador e a realidade pesquisada; a atuação destacada do pesquisador na coleta e análise dos dados; a ênfase no processo, e não nos resultados finais; a preocupação em apreender a interioridade dos participantes; o estudo das situações com o mínimo de interferências e a busca de uma compreensão mais extensa sobre o objeto estudado (André, 2012). Para ser mais exato, este estudo abebera-se da etnografia crítica, por estimular os participantes a interagirem, a formularem seus interesses comuns e a se inteirarem de um aspecto cultural ainda pouco enfocado nas escolas (Madison, 2019).

Os estudos qualitativos oportunizam verter as determinações que urdem o real em representações que podem ser interpretadas e divulgadas. Optei pela técnica de Grupo Focal para a coleta de dados grupais e pelo procedimento dos Núcleos de Significação para a análise do material coletado (Aguiar; Ozella, 2006, 2013). Os núcleos de significação possibilitam neutralizar o erro metodológico de deduzir que os dados fornecidos pelos informantes da pesquisa expressam toda a verdade dos fatos (Mattos, 2011). A imediaticidade é a mais externa das camadas da realidade. Ao atravessá-la, decifra-se o sentido do que é declarado, sentido esse passível de assimilação racional, por integrar um todo estruturado e dialético (Kosik, 2002). Pela análise teórica, abstrai-se o fato da contextualidade em que se encontra para discernir determinações indistinguíveis em uma inspeção mais ligeira.

Conhecer um objeto é conhecer suas determinações, que equivalem a seu "momento constitutivo essencial" (Dussel, 2012, p. 34). Na oscilação do particular para o geral e do geral para o particular, desocultam-se aspectos inadvertidos das realidades culturais, num estranhamento quanto aquilo que é próximo. As técnicas qualitativas, como a criança do conto de fadas que acusou alto e bom som que o rei estava nu, têm a capacidade inigualável de descerrar o que está à vista de todos. A etnografia educacional desvela a politicidade do fazer educativo, diante da qual todos os demais aspectos pedagógicos são acessórios. A natureza pública da educação obriga os profissionais de ensino a se posicionarem face ao poder dominante, seja como fiadores, seja como críticos.

Política não é sinônimo de violência, como ventilam as teses irracionalistas. Se ela tem muito de imperatividade, também implica bastante negociação. É ingênuo, porém, achar que com diálogo tudo se resolve. Só há comunicação quando as pessoas reconhecem sua humanidade comum, algo de difícil concreção neste momento em que o universalismo é sufocado pelo mantra particularista "nós contra eles." A identidade definida pelo pertencimento comunitário é uma faca de dois gumes: ela tanto restringe a capacidade de construir uma vida individual como é condição de possibilidade da individualidade. A sociedade não é um todo harmônico, como os modelos funcionalistas e estruturalistas tentam fazer crer, mas sim um ajuntamento de grupos sociais coordenados por relações recíprocas de cooperação e competição.

A incorporação da pauta redistributiva é *conditio sine qua non* para que a política identitária desencadeie todo o seu potencial emancipatório. Economia e cultura se justapõem e só analiticamente são desmembráveis. A reprimenda multiculturalista à discriminação mal resvala nas estruturas de classe que cerceiam o reconhecimento das minorias. A cooperação irá prevalecer nas relações humanas assim que a sociedade retomar o controle da economia, o que só acontecerá, digamo-lo sem meias palavras, com uma educação que desenvolva a consciência socialista.

Diante da imensa desinformação quanto às artimanhas usadas para eternizar as desigualdades sociais, a neutralidade não é uma opção. Quem se declara neutro já escolheu o seu lado e não é o dos mais fracos. Com a queda da máscara apolítica que recobre os aparelhos hegemônicos de poder, os sujeitos históricos passam a se dar conta de que a ordenação do mundo social pode ocorrer de forma a favorecer a todos e não só a uma minoria. Os contratempos que tive de contornar para levar este estudo a bom termo indicam que ainda vai demorar para alcançar esse nível civilizacional, o que não significa que se deva desistir do compromisso de inserção crítica na história.

Na atualidade, em que a mais leve menção à palavra "gênero" já encoleriza os conservadores, não diria que fui recebido com grande entusiasmo na escola selecionada para a pesquisa. Ouvi mais de uma vez que seria melhor trabalhar com alunos do ensino médio e não com concludentes do ensino fundamental, como se a sexualidade não fosse imanente a todas as faixas etárias. Uma das mães chegou a aprovar que a filha participasse do grupo focal, mas mudou de ideia na última hora, sob a alegação de impedimentos religiosos. Seria ingrato se não reconhecesse que várias(os) participantes falaram da diversidade sexual sem rodeios e, o mais importante, que algumas(ns) conseguiram deixar seus precon-ceitos de lado e agiram colaborativamente.

Fora da escola, quando questionado sobre o que pesquisava, a reação padrão à minha resposta foi de espanto. Em muitos semblantes, dava para ler nitidamente a pergunta: "Será que ele é?" Após meu *fee-dback*, seguia-se *incontinenti* a interrogação sobre por que resolvi tratar da diversidade sexual. É quase certo que, se tivesse optado por outro tema sensível — racismo, religião, consumo de drogas, aborto, eutanásia etc. —, não teria dado azo a tanto desconforto, o que renovou minha convicção de ter escolhido uma boa temática. A sociedade recalca — para usar um conceito do discurso psicanalítico — todas as ideias tidas como inconciliáveis com o seu funcionamento. Como os conteúdos recalcados costumam retornar na forma de sintomas, seu enfrentamento é tanto terapêutico quanto transformador.

Escrever nas ciências humanas também é contar sua própria história. Portanto, no mesmo momento em que dirimo a suspeita de alguns interlocutores — não, não sou gay —, admito que vezes sem conta fui tratado como se o fosse, o que não deveria ter a mínima importância (também já incorri em homofobia). Com exceção de sua vida afetiva e sexual, os homossexuais em nada distam dos heterossexuais. No capitalismo patriarcal, que faz da concorrência sua *raison d'*être, a categoria "orientação sexual" é da maior importância. Ela se hibridiza com o "gênero", de modo que o homem heterossexual cis deve policiar-se para não ser nem de leve como as mulheres, sob pena de atrair para si o desprezo alheio. O problema de pesquisa é este: o quão importante é a discussão sobre a diversidade sexual nas escolas?

A temática da diversidade sexual pode atuar como mote para uma reflexão mais percuciente sobre a opressão/exploração capitalista. Como objetivo geral, busquei compreender como a concepção dos membros de uma comunidade escolar do ensino fundamental em Rio Branco (AC) acerca da diversidade sexual articula-se com o currículo e se expressa no Projeto Político Pedagógico (PPP) da escola. De modo específico, quis demonstrar a necessidade de maior espaço no currículo de formação dos professores do ensino fundamental em Rio Branco (AC) para discussão do tema "diversidade sexual"; ajudar a promover a mobilização dos LGBTQIA+ em torno da proteção contra a violação de seus direitos civis, políticos e sociais; identificar se as diretrizes curriculares de gênero e diversidade sexual são implementadas pelos professores e, em caso positivo, como se dá essa implementação e encorajar a reflexão sobre gênero e sexualidade em uma escola pública de ensino fundamental.

Em vez de utilizar "homem" para me referir ao gênero humano, empreguei "espécie humana", "as pessoas" ou "ser humano", a não ser quando a(o) autora(or) referenciada(o) usa "homem". Subverti a regra que apresenta o masculino sempre à dianteira do feminino e visibilizei a inclusão de gênero a partir do artigo "a", seguido do artigo "o", separados por parênteses: as(os) alunas(os) etc. Assinto que a linguagem neutra é um recurso válido para alguns grupos defenderem sua identidade e que esses novos hábitos gramaticais podem ser acrescidos à norma culta no futuro, mas decidi não utilizá-la porque seria incongruente com a orientação teórica materialista uma preocupação desmesurada com a linguagem. É cediço que os discursos desumanizadores resultam, inapelavelmente, na desumanização do mundo.

O discurso muitas vezes atua como um balão de ensaio. Alguma barbaridade é dita e, à falta de reações contrárias, parte-se para agressões mais tangíveis. Para ficar num único exemplo, a rotulação dos judeus como ratos posta em prática pelos nazistas prenunciou as câmaras de gás e os fornos de incineração do Terceiro Reich. Consequentemente, a insurgência contra os despotismos verbais é preventiva. As dificuldades aparecem quando a luta política não sai dos limites do campo comunicacional. A linguagem politicamente correta é apenas um paliativo frente às adversidades que atingem as minorias sexuais, desditas essas que o capitalismo nunca irá solucionar.

Enquanto forem atacados os efeitos da voracidade do capital e deixadas as causas intocadas, serão contidas em certa medida as manifestações preconceituosas sem nada se fazer contra o preconceito considerado em si mesmo. No Brasil, o ódio contra as minorias esconde-se detrás de um pacifismo de fachada, o que dá rédeas a fenômenos tão tupiniquins quanto a jabuticaba: é raro alguém se declarar homofóbico nestas paragens, mas aqui é um dos lugares mais inseguros para gays, lésbicas, travestis e transexuais viverem. Em 2020, a violência homofóbica tirou a vida de pelo menos 237 pessoas no território brasileiro (Gastaldi *et al.*, 2020).

É contraproducente falar do fim da homofobia enquanto vigorar o capitalismo, pois a violência contra as pessoas LGBTQIA+ é fundante desse modo de produção. Essa e outras questões serão mais bem elaboradas nas próximas páginas deste trabalho, já que me estendi bastante nas considerações introdutórias. De volta à afirmação que abre este texto, repiso que a diversidade sexual está em evidência. A questão que se levanta é se todo o burburinho em torno do tema é passageiro ou se ele pode infundir um respeito perene aos direitos sexuais de todos. Não ajuda nada acreditar que os retrocessos não são críveis. As forças do atraso estão em prontidão, tanto para impedir que as minorias sexuais obtenham mais direitos como para tentar empalmar os que elas já conquistaram.

Na atual encruzilhada, duas direções se abrem: uma conduz à expansão de horizontes e a outra ao estreitamento. A escolha de qual delas seguir é uma decisão ético-política, a ser guiada pela educação, processo que reúne tanto a transmissão de conhecimentos de geração a geração como a abertura ao novo. A originalidade desta obra consistiu em retratar, o melhor que pude, as vinculações entre o singular — as opiniões sobre a diversidade sexual e de gênero dos membros de uma comunidade escolar nunca antes pesquisada — e o universal — a totalidade da sociedade capitalista. Fora daí, o que fiz foi uma síntese de numerosas fontes, a maioria de corte marxista.

Não segui a regra tácita no meio acadêmico de só citar textos publicados nos últimos cinco anos, por acreditar que o conhecimento não entra na classificação das coisas altamente perecíveis. Para dar uma unidade orgânica ao meu trabalho, procurei me esquivar do ecletismo, e é por isso que autores centrais no campo teórico da sexualidade, como Michel Foucault (1926-1984), que considera datadas temáticas como a luta de classes, o proletariado como sujeito revolucionário e o materialismo histórico, são mencionados *an passant*.

2

OBSERVAÇÕES SÓCIO-POLÍTICO-CULTURAIS SOBRE A DIVERSIDADE SEXUAL

2.1 PRIMEIRAS APROXIMAÇÕES

Amálgama de fatores biológicos, psicológicos e sociais, a sexualidade é formada pelo sexo biológico — conjunto de informações cromossômicas, órgãos genitais, capacidades reprodutivas e características fisiológicas secundárias que diferenciam "machos" e "fêmeas" —, pela orientação sexual — atração emocional, afetiva e/ou sexual de uma pessoa por outra —, pela identidade de gênero — percepção que cada um tem de si, não obrigatoriamente informada pela biologia, como sendo do gênero masculino, feminino ou da mescla de ambos — e pela expressão de gênero — forma pela qual uma pessoa manifesta socialmente sua identidade de gênero, relacionada à identificação nominal, roupas, cabelo, expressão corporal, tom de voz etc. (Sena; Sousa; Brito, 2018).

O termo "diversidade sexual" enfeixa as diferentes maneiras de viver e expressar a sexualidade e a identidade de gênero e é utilizado "[...] para trabalhar com os assuntos relacionados às comunidades de lésbicas, gays, bissexuais, travestis e transexuais" (Simões Neto *et al.*, 2011, p. 66). Nele, cabem por igual as identidades conformes e não conformes à sexualidade socialmente sancionada. A pronta conexão entre a diversidade sexual e as minorias sexuais escancara a cis-heteronormatividade da cultura ocidental. Quem é hétero — atraído romântica e/ou sexualmente por pessoas de sexo diferente do seu — e cis — com identidade de gênero coincidente com o sexo biológico — é ensinado a pensar que sua orientação sexual e sua identidade de gênero são as únicas corretas e não apenas umas entre tantas outras igualmente válidas.

Uma sexualidade bem resolvida é quesito básico para a obtenção da felicidade, algo fixado inclusive nos Parâmetros Curriculares Nacionais (PCN), que frisam sua "[...] importância no desenvolvimento e na vida psíquica das pessoas, pois, além da sua potencialidade reprodutiva, relaciona-se com a busca do prazer, necessidade fundamental das pessoas" (Brasil, 1997, p. 295). *Nec plus ultra* da comunicação, ela arregimenta todos os sentidos e pode ensejar experiências das mais gratificantes. Por outro lado, sua degradação agasalha fenômenos como a pedofilia e a cultura do estupro. A contiguidade entre sexualidade e educação ocasiona meditações tanto éticas quanto políticas.

Num primeiro olhar, a sexualidade parece ser questão puramente privada, e não política. Se as pessoas fossem livres, como ouvem falar desde cedo, poderiam dispor de seus corpos como melhor as aprouvesse. Para sua surpresa, a experiência cotidiana demonstra que usufruem de bem menos liberdade sexual — "direito de expressar e exercer a própria sexualidade de forma livre, ou seja, escolher sua/seu parceira(o) ou parceiras(os), inclusive nenhum(a), bem como decidir quando e como se expressar sexualmente, além da livre orientação sexual" (Defensoria Pública Do Estado De São Paulo, 2013, [n.p.]) — do que gostariam. Mais cedo do que tarde, descobrem que o que achavam ser particular é objeto de uma infinidade de regulações.

Em face da subversividade da percepção da artificialidade do social, abundam os discursos direcionados a tolhê-la. O aprofundamento nos meandros do preconceito contra a diversidade sexual impõe que se debruce sobre o machismo e a misoginia, opressões nas quais aquele se cauciona. É impossível examinar o preconceito contra orientações não heterossexuais sem esmiuçar o preconceito contra expressões de gênero discordantes das hegemônicas. A misoginia no ódio aos gays é flagrante — quanto maior sua "feminilidade", mais expostos estão ao desprezo coletivo (Kimmel, 2016). A raiz comum do vilipêndio às mulheres e às/aos homossexuais é o patriarcado, sistema cuja vigência implica na subordinação das mulheres aos homens (Lerner, 2019).

Dado que o aviltamento feminino é sobretudo de cariz econômico, a expressão patriarcado capitalista mostra-se mais certeira, por "[...] acentuar uma relação dialética que se reforça mutuamente entre a estrutura de classes capitalista e a estruturação sexual hierarquizada" (Eisenstein, 1980, p. 15, tradução minha).[1] O sistema patriarcal-capitalista não existiria sem a assistência ideológica de instituições como a família, as religiões e a escola. O presente estudo visa problematizá-la, na esperança de ajudar

---

[1] No original: "[...] acentuar una relación dialéctica que se refuerza mutuamente entre la estructura de clases capitalista y la estructuración sexual jerarquizada."

a classe dominada a compreender concretamente a realidade e a soltar-se dos grilhões que atravancam sua evolução.

2.1.1 Diversidade sexual e homofobia

O patriarcado capitalista se assenta sobre a heterossexualidade como obrigação: é por ela que os homens dominam as mulheres física, econômica e emocionalmente (Rich, 2010). Sua função é encaminhar as mulheres aos papéis de esposas, mães e donas de casa, para que permaneçam na sombra masculina. As sexualidades dissidentes, ao arrostarem esse esquema normativo, sujeitam-se a amargas punições. Na lista de atrocidades contra as pessoas dissidentes da heterossexualidade, figuram o apedrejamento, segundo a Lei Judaica; a decapitação, ordenada pelo Imperador Constantino a partir de 342 d.C. e o enforcamento, o afogamento ou a queima nas fogueiras da Inquisição, durante a Idade Média e boa parte da Modernidade (Mott, 2016).

Oscar Wilde (1854-1900) cumpriu dois anos de prisão com trabalhos forçados na colônia penal de Reading por ter se arriscado a experienciar o que intitulou de "[...] o Amor que não ousa dizer seu nome" (Wilde, 2014, p. 41). Alan Turing (1912-1954), criador das bases teóricas da ciência da computação, foi incriminado, em 1952, pela mesma lei que levou o autor de *"O retrato de Dorian Gray"* ao cárcere. Em troca da pena, o matemático aceitou receber injeções de estrogênio como tratamento contra a homossexualidade. Ele morreu aos 41 anos, após morder uma maçã envenenada com cianeto (Marcolin, 2012). O "perdão póstumo" dado pela "lei Alan Turing", em janeiro de 2017, aos advertidos ou condenados pela legislação britânica que proibia atos homossexuais, perfila-se com o indulto conferido pela Rainha Elizabeth II ao pai da informática em dezembro de 2013 (Bercito, 2011).

Sobra justiça poética na contribuição de Turing para a vitória dos aliados durante a 2.ª Guerra Mundial, com seu trabalho de quebra dos códigos alemães, em virtude de os homossexuais não terem passado ilesos pelo plano hitlerista de purificação da raça ariana. Entre 1938 e 1945, mais de 100 mil homens suspeitos de serem homossexuais foram presos na Alemanha nazista e metade deles foram sentenciados ao exílio em prisões ou em campos de concentração, onde eram coagidos a usar camisas com triângulos rosas costurados na frente. Muitos foram castrados e serviram de cobaias em experimentos científicos e cerca de 60% deles morreram (Ambrose, 2011).

A homofobia é uma das linhas de força da ideologia fascista. Luiz Trescastros, um dos assassinos de Federico Garcia Lorca (1898-1936), declarou que "lhe deu tiros no cu por ser maricón" (Alves, 2009, p. 17). As relações homossexuais ainda são criminalizadas em aproximadamente 70 países-membros da Organização das Nações Unidas (ONU), de um total de 193. Em 6 países (Arábia Saudita, Irã, Iêmen, Nigéria, Sudão e Somália), o intercurso sexual entre pessoas com a mesma genitália é punido com a pena de morte (Mendos *et al.*, 2020). A rotinização, entre os Estados-Membros da União Europeia, de ocorrências como a proibição de marchas do Orgulho Gay e a pregação do ódio às minorias sexuais por políticos e líderes religiosos, obrigou o Parlamento Europeu a editar, em 2005, uma resolução em que condena a homofobia e a discriminação com base na orientação sexual (Agência Dos Direitos Fundamentais Da União Europeia, 2009).

Dados do "Relatório de Monitoramento da Educação no Mundo" (Unesco, 2020) ilustram que o ambiente escolar é hostil a alunas(os) LGBTQIA+: 42% delas(es) declararam terem sido ridicularizadas(os), provocadas(os), insultadas(os) ou ameaçadas(os) na escola devido a sua orientação sexual e identidade de gênero, principalmente por seus pares, e quase 37% relataram nunca ou raramente se sentirem seguras(os) na escola. A família e a escola, principais encarregadas pela socialização das crianças, violam seus direitos continuamente, ao colocarem os interesses do grupo acima do bem-estar pessoal. Nessas instâncias, geridas na maior parte das vezes pela lógica cis-heteronormativa, qualquer deslizamento de um gênero a outro costuma ser castigado com rigor. A Associação Americana de Psiquiatria só deixou de considerar a homossexualidade como doença em 1973, medida oficializada pela Organização Mundial de Saúde em 1990 (Dantas, 2017).

O conceito de homofobia que utilizo "[...] se refere à hostilidade, à intolerância e ao desprezo a todas as orientações e identidades sexuais diferentes ou divergentes da heterossexual" (Reis, 2015, p. 29). Pessoas que não se enquadram no binarismo de gênero, como as(os) travestis e transexuais, também estão sujeitas à homofobia. Respeito aqueles que preferem termos específicos para as violências relacionadas aos sujeitos LGBTQIA+, tais como lesbofobia, transfobia e bifobia, mas entendo que a inflação terminológica pode dificultar que o debate público sobre os direitos das minorias sexuais, ainda muito incipiente, seja ampliado. A junção LGBTQIA+fobia, que engloba as violências contra todas as minorias sexuais, comporta as desvantagens de ser extensa e complicada.

Torres (2013) se manifesta a favor de "heterossexismo", que não teria a conotação psicologizante e individualizante de homofobia. O que ele pretende é que as discussões sobre preconceito e discriminação na escola não se prendam a manifestações isoladas de violência, como acontece de praxe. Porém, a subjetividade não é uma mônada. O sujeito emerge da relação dialética entre subjetividade e objetividade e, por palavras e gestos, dá a conhecer as determinações que o constituem (Bock; Kulnig; Santos, 2020). Sendo a sociedade "[...] um complexo determinado, com um método de produção determinado, apresentando ainda classes, camadas, formas mentais, e alternativas igualmente determinadas" (Heller, 2004, p. 12), os acontecimentos nela verificáveis não se dão a esmo.

Creio que um enfoque psicológico crítico, que desafie a concepção hegemônica de um sujeito à deriva dos acontecimentos sociais, é factível, e que o termo "homofobia" é compatível com ele. O biólogo Alfred Charles Kinsey (1894-1956), coordenador do primeiro grande inquérito sobre a sexualidade dos norte-americanos, realizado entre 1938 e 1953, com a participação de 11.240 indivíduos (5.300 homens e 5.940 mulheres), desenvolveu uma escala, de 0 a 6, para tentar medir a orientação sexual de uma pessoa, na qual o 0 indica 100% de heterossexualidade e o 6, 100% de homossexualidade (a letra X, acrescentada depois, representa a assexualidade). Contra a inflexibilidade de categorias como "homo" e "hetero", cravou que "[...] a realidade inclui indivíduos de todos os tipos intermediários, em um continuum entre os dois extremos e entre cada uma e todas categorias na escala" (Kinsey *et al.*, 1953, p. 471, tradução minha).[2]

A homossexualidade é mais comum do que se costuma imaginar: os relatórios Kinsey registram que 25% dos homens já tiveram uma experiência homossexual repetida (Kinsey; Pomeroy; Martin, 1949). Uma das críticas a esses estudos é que eles se teriam baseado num número desproporcional de homens gays, disparidade que pode ter correspondido à tentativa de escrutinar porque a homossexualidade é tão estigmatizada (Bullough, 1999). Kinsey estimou que, mesmo que as pessoas com traços de homossexualidade ou predominantemente homossexuais fossem eliminadas, isso não garantiria uma redução do homoerotismo na próxima geração, por ele ser uma capacidade básica.

---

[2] No original: "[...] the reality includes individuals of every intermediate type, lying in a continuum between the two extremes and between each and every category on the scale."

Contínua ou episódica, a homossexualidade foi constituída como um desvio da normalidade social a ser consertado por um arsenal de técnicas, entre as quais se incluem as de natureza linguística. O termo "homossexualismo" vem caindo em desuso, porque implica que a atração por alguém do mesmo sexo ou gênero é uma doença. "Homossexual" também apresenta uma conotação médico-legal, enquanto "gay", utilizado a partir da década de 1970, "[...] expressa literalmente 'felicidade' e 'alegria'" (Fry, 1982, p. 104). Dias (2005) sugere que a palavra "homoafetividade" é mais correta, por abranger bem mais aspectos que "homossexualidade", e Costa (1992) defende que "homoerotismo" dinamita as ideias de uniformidade e constância do desejo homossexual.

A "homoessência" (Silva Júnior, 2011) vai na contramão dos pomossexuais (de "pomo", abreviatura de pós-modernismo, e "sexual"), que rechaçam a assunção de identidades sexuais específicas (Queen; Schimel, 1997). No encalço da segunda onda feminista (1960-1980), vieram a maior politização das mulheres homossexuais e a popularização da expressão "gays e lésbicas". Por quase duas décadas, a sigla "GLBT" (gays, lésbicas, bissexuais, travestis e transexuais) teve precedência sobre as demais denominações no território brasileiro (Morais, 2018). Na I Conferência Nacional GLBT, realizada em Brasília, em junho de 2008, a plenária final da reunião deliberou em alterar a sigla para "LGBT" para dispensar mais visibilidade às lésbicas (Aguião, 2016).

A mudança na ordem das letras do acrônimo LGBTQIA+ simboliza os reposicionamentos dos coletivos sexuais dissidentes: "Talvez o 'T' mude, daqui a algum tempo, para a posição inicial, como já fazem alguns grupos, porque os/as transexuais e os/as travestis são mais depreciados nas políticas de inclusão" (Torres, 2013, p. 14). A progressiva adição de letras à sigla que abrevia orientações sexuais e identidades de gênero revela que o protagonismo político das minorias têm um efeito multiplicador que amplia o campo democrático e ressitua as políticas institucionais. Independentemente de suas peculiaridades, os grupos englobados nessa sigla passam por agruras comuns, a saber: invisibilização social, silenciamento, sofrimentos psíquicos e maior exposição, em comparação com outros grupos sociais, a preconceitos, discriminação, agressões físicas e assassinatos (Peixoto, 2019).

2.1.2 Pós-modernidade e identidade

Não se tem notícia de um grupo humano inteiramente heterossexual. O comportamento homossexual é, conforme o contexto sócio-histórico, "[...] recompensado ou punido, exigido ou proibido, uma experiência temporária ou uma vocação [...]" (Rubin, 2017, p. 91). A palavra "homossexualidade" entrou na língua inglesa em 1892. Antes disso, a expressão "inversão sexual" cobria "[...] uma ampla gama de comportamentos desviantes de gênero, dos quais o desejo homossexual era apenas um aspecto lógico, mas indistinto [...]" (Chauncey Jr., 1983, p. 116, tradução minha).[3] Katz (2007) informa que os termos heterossexual e homossexual ingressaram no uso comum apenas no primeiro quartel do século XX, o que aponta para a ausência da polarização hetero/homo em períodos pregressos. A definição da sexualidade é tributária das transformações econômicas, políticas, culturais e sociais registradas na modernidade.

Cada um sabe o que é pelo cotejamento com aquilo que não é. Essa comparação expressa o "[...] desejo dos diferentes grupos sociais, assimetricamente situados, de garantir o acesso privilegiado aos bens sociais" (Silva, 2006, p. 81). A categorização social — vinculação de uma pessoa a um grupo específico —, pela qual o mundo social é fraturado em termos de "nós" — "grupo do eu" — e "eles" — "grupo do outro", anda a par com o escalonamento social (Tajfel; Turner, 1979). Quando Simone de Beauvoir (1908-1986) expôs que a mulher é o Outro do homem, quis dizer que o feminino é a imagem em negativo do masculino: "[...] a alteridade é uma categoria fundamental do pensamento humano. Nenhuma coletividade se define nunca como Uma sem colocar imediatamente a Outra diante de si" (Beauvoir, 2016, p. 13).

Pela mesma toada, a identidade homossexual reafirma a normatividade heterossexual e cisgênera. A rotulagem sexual tem como fins precípuos separar os comportamentos sexuais aceitáveis dos inaceitáveis e os grupos desviantes uns dos outros. Sua função é normativa: ela dificulta tanto a adoção de comportamentos sexuais indesejados ao cistema — neologismo para sistema cis (Simakawa, 2015) — quanto a ação política dos não cis-heterossexuais. O conflito parece ineliminável do horizonte social, dado que "[...] precisamos de um termo para nos referenciarmos. Por

---

[3] No original: "[...] a broad range of deviant gender behavior, of which homosexual desire was only a logical but indistinct aspect [...]".

mais provisórios que possam ser, esses 'artefatos identitários' instauram a possibilidade de comunicação [...]" (Trevisan, 2000, p. 37). É possível inventar novas identidades, mas não abdicar de qualquer identidade, daí ser quase inevitável diminuir alguém.

A vida cotidiana é como uma sala de espelhos circense, em que as imagens distorcidas dos outros são todas projeções da imagem de um indivíduo. Uma alternativa para não discriminar ninguém é adotar uma identidade nômade, apoiada em "[...] um marco de referência que nos permita pensar na diferença como algo que é, ao mesmo tempo, a condição de possibilidade e a condição de impossibilidade de criar a unidade e a totalidade" (Mouffe, 1999, p. 275). A proposta de democracia radical agonística de Chantal Mouffe, indisfarçavelmente pós-moderna, conta com a desvantagem de ser de impossível atingimento dentro dos preceitos capitalistas. Uma democracia ou é para todos ou não é democracia. A volatilização das identidades não está aberta hoje à totalidade dos indivíduos.

Quanto menos recursos uma pessoa tem a seu dispor, mais está atada a certa(s) identidade(s), porque mais dependente ela fica de seu grupo. No capitalismo, dinheiro é sinônimo de independência. É fantasioso pensar a identidade como um produto do discurso e não contabilizar as condições objetivas que a engendram. Porém, é exatamente isso que os pós-modernos costumam fazer, em desprestígio à ação política coletivamente concebida. Utilizo "pós-modernidade" à falta de melhor termo, mas tenho plena consciência de sua vagueza. As noções de posterioridade ou de superação transmitidas pelo prefixo "pós" não expõem com toda fidelidade a relação entre a época atual e as que lhe precederam.

Gonçalves (2015) recomenda que é melhor tomar a pós-modernidade como uma atualização histórica que nega taxativamente — e não dialeticamente — a modernidade, sem romper de fato com ela. À guisa de precisão, convém distinguir o pós-modernismo da pós-modernidade: "O termo pós-modernismo usualmente é atribuído a uma forma de cultura contemporânea, enquanto a denominação pós-modernidade refere-se a um dado período histórico [...]" (Ribeiro, 2014, p. 104).

A despeito de seus vários ramos e correntes, o pós-modernismo é um campo ideológico consistente, que ora afirma o capitalismo, ora se resigna a ele. Ele veio a reboque de transformações recentes, historicamente falando, no modo de produção capitalista:

> [...] há algum tipo de relação necessária entre a ascensão de formas culturais pós-modernas, a emergência de modos mais flexíveis de acumulação do capital e um novo ciclo de "compressão do tempo-espaço" na organização do capitalismo (Harvey, 2008, p. 7).

A partir dos anos 1970, a forma taylorista-fordista de produção — caracterizada pela rígida unificação entre serialização e cronometrização do trabalho — perde espaço para a flexibilização toyotista, derivada "[...] da introdução de técnicas de gestão da força de trabalho próprias da fase informacional, bem como da introdução ampliada dos computadores no processo produtivo e de serviços" (Antunes, 2009, p. 54).

A reestruturação produtiva, forma adotada pelo capital para tentar debelar a crise gerada pelo decréscimo na taxa de lucros e pela retração do consumo, impactou o campo educacional de várias maneiras. A mais notável delas é que a especialização curricular própria do taylorismo-fordismo vem perdendo terreno para um ensino toyotista desespecializado e multifuncional (Antunes; Pinto, 2017). Outro desdobramento ideopolítico da nova produção flexível é a substituição da ideia de totalidade, que "[...] cinge todos os fenômenos em torno de um centro único — princípio, significação, espírito, visão do mundo, forma de conjunto" (Foucault, 2008, p. 12), pela de dispersão acentuada, "[...] que nunca se pode conduzir a um sistema único de diferenças, e que não se relaciona a eixos absolutos de referência" (Foucault, 2008, p. 230).

A cultura pós-moderna considera totalizantes grandes narrativas como o Iluminismo e o Socialismo, mas incide o tempo todo em universalismos morais, ao propagandear a pluralidade, a diferença e a alteridade. Ressai do discurso foucaultiano uma certa absolutização da diferença. Do mesmo modo que grupos historicamente renegados podem hastear a bandeira da diferença para celebrar suas idiossincrasias, grupos historicamente privilegiados podem empregá-la para validar seus privilégios. O aparecimento no debate político de termos insólitos como heterofobia, machismo reverso ou feminazi, em resposta aos ativismos LGBTQIP+, negro e feminista, demonstra que para homofóbicos, racistas e machistas o problema não é a diferença, já que eles se julgam diferentes dos grupos que odeiam, mas a igualdade. Daí a necessidade "[...] de uma igualdade que reconheça as diferenças e de uma diferença que não produza, alimente ou reproduza desigualdades" (Santos; Nunes, 2003, p. 43).

Resta saber como fazer essa conciliação. O reformismo, para nós, deve ser descartado de pronto. O capitalismo não é algo a ser melhorado, mas superado, dada a impossibilidade de humanizar o que está fundado na desumanização (Luxemburgo, 2003). Nos discursos triunfalistas da inclusão, esquece-se convenientemente que o excluído é o arrimo da ordem social e nunca esteve apartado dela. Só com muita insensibilidade consegue-se não perceber o sofrimento gerado por essa "inclusão" (Sawaia, 2008). Ao não trabalhar com a hipótese de um sistema alternativo ao capitalismo, o reformismo — tradicional ou pós-moderno — capitula ante ao conservadorismo.

Marx não dá ouvidos ao canto de sereia de um lento melhoramento da condição operária e recusa qualquer trégua entre capital e trabalho. Sua teoria, galvanizadora da esperança de milhões de explorados em todos os continentes, sofreu um enorme revés com o totalitarismo soviético, que diminuiu a aceitação da luta pela emancipação humana com base no campo econômico. Muitas pessoas passaram a privilegiar o que Wood (2006) denomina como bens extraeconômicos: igualdade racial e de gênero, equilíbrio ambiental, paz entre as nações etc. Por mais lídimos que sejam, esses objetivos sempre serão cumpridos pela metade se não forem articulados com a concepção de classe.

Os desacertos do socialismo real não invalidam o maior trunfo marxista: a disposição revolucionária, tensionadora permanente da arquitetura social. A 11ª tese sobre Feuerbach — "Os filósofos apenas *interpretaram* o mundo de diferentes maneiras; o que importa é transformá-lo" (Marx, 2007, p. 535, grifo do autor) — ensinou a pesquisar não por diletantismo, mas com vistas à intervenção no real. As elites podem dizer o quanto quiserem que o marxismo morreu, mas seu espectro continuará, por muito tempo, a lhes tirar o sono. Tanto isso é verdade que, com os sucessivos cataclismos globais — climáticos, energéticos, alimentares, hídricos, financeiros, sanitários —, o pensador alemão entrou na ordem do dia.

2.2 O MARXISMO E A EMANCIPAÇÃO SEXUAL

2.2.1 A atualidade do conceito de classe social

Não é nada senão má-fé a responsabilização de Marx pelos descalabros de regimes como o stalinista. Quem conhece minimamente sua obra sabe que, ao tratar da revolução nos países que não tinham desenvolvido plenamente suas forças produtivas, ele dizia que, se ela ficasse circunscrita a um local, era questão de tempo para que o estado de coisas anterior ao processo revolucionário fosse restaurado (Antunes, 2017). A suposição de que os sujeitos são "[...] produtos da contingência da linguagem" (Costa, 1992, p. 18), fio condutor dos estudos *queer*, mina o potencial emancipatório da categoria "classe social".

Para as teorias *queer*, pronunciadamente "pós-identitárias", as identidades são "[...] tão variáveis, incertas e frágeis que não pode haver base para a solidariedade e ação coletiva fundadas em uma 'identidade' social comum (uma classe), em uma experiência comum, em interesses comuns" (Wood, 1999, p. 13). As(os) teóricas(os) *queer* costumam votar uma particular virulência contra o marxismo, que teria privilegiado monoliticamente "[...] o modo de produção como um determinante histórico; a identidade de classe, e não outras 'identidades' e os determinantes 'econômicos' ou 'materiais' em lugar da 'construção discursiva' da realidade" (Wood, 1999, p. 13).

A ênfase na fluidez do *self* humano pode esmaecer as identidades coletivas, "[...] tornadas um movimento constante de construção histórica e pessoal dos sujeitos e, novamente, tendendo a um esvaziamento das demandas objetivas dos movimentos sociais, em face das políticas públicas" (Deslandes, 2020, p. 28). Concordo levemente com a afirmação de que "[...] a classe social não é a única identidade cultural constitutiva dos sujeitos sociais, nem tampouco ocupa a centralidade dos processos de desigualdade e exclusão social para muitas pessoas" (Furlani, 2009, p. 297). A classe social pode não ser o elemento identitário exclusivo dos sujeitos sociais, mas é quase que invariavelmente o mais importante, e se não o é, é porque o sujeito social em questão não faz parte da classe explorada.

As classes "[...] são o que permite a um setor da sociedade apropriar-se do trabalho de outro setor" (Lenin, 1978, p. 433).[4] Elas existem a partir das relações que estabelecem entre si, entabuladas no interior de um sistema. Seus interesses não são apenas distintos, mas antagônicos. Se uma classe recebe uma porção maior da riqueza social, é porque à outra coube um quinhão menor. Qualquer consideração moral feita à margem das classes não passa de uma mistificação burguesa. Nem todas as sociedades são divididas em classes, porque nem todas elas têm a desigualdade como um princípio de sua organização. À medida que a sociedade muda, as classes também o fazem (Tineu, 2017).

---

[4] No original: "[...] son lo que permite a un sector de la sociedad apropiarse del trabajo de otro sector."

Unilateralismos como os presentes em "Senhor das moscas" (Golding, 2021) não captam todos os matizes das ações humanas. Na obra-prima de William Golding (1911-1993), prêmio Nobel de 1983, um grupo de jovens cadetes militares que chega a uma ilha desabitada depois de um acidente de avião divide-se em duas facções que emblematizam, respectivamente, a vontade geral rousseauniana e o estado de natureza hobbesiano. Esses dois grupos representam as perspectivas mais usuais sobre a natureza das pessoas: a que as vê como essencialmente racionais e democráticas e a que as considera individualistas e agressivas. Ambas as caracterizações pecam pela incompletude.

Para sair da clausura maniqueísta, é preciso exercitar a lógica do terceiro incluído. O ser humano é bom e mau, sociável e egocêntrico, e a preponderância de uma ou outra dessas tendências depende da totalidade em que está imerso. A tendência que não pode se manifestar num dado momento fica recolhida, no aguardo de uma ocasião propícia para vir à tona. O capitalismo é uma totalidade falsa porque não consegue partejar o melhor do ser humano. A sensação de antagonismo trivializado entre os sujeitos deve-se mais ao individualismo burguês do que ao psiquismo. Pensar o contrário é render-se ao fascismo schmittiano que condensa toda a política nas categorias "amigo" e "inimigo" (Schmitt, 1992) ou ao darwinismo social puro e simples.

A naturalização do social implicada nessas alternativas esconde que, por intermédio do trabalho e da vida em sociedade, as leis sócio-históricas sobrepuseram-se às biológicas (Leontiev, 2004). Com a mudança revolucionária da totalidade das circunstâncias, pode-se, muito além de melhorar as relações humanas, refundá-las em outras bases (Sawaia, 2014). As categorias homens e mulheres ou heterossexuais e homossexuais, por não serem trans-históricas, são "[...] passíveis de ser eliminadas através da destruição do sistema de relações que as constitui" (Abreu, 2018, p. 8). O homem abstrato, responsável pela definição da mulher, não existe. O que há é o homem concreto, que se relaciona com as mulheres "[...] como pai, irmão, parente, vizinho, colega de trabalho, patrão, empregado, professor, aluno, comprador, vendedor, entre milhares de outras relações" (Anderson, 2021, posições 33-34).

A invocação abstrata de uma "unidade das mulheres" peca pela indeterminação. Ao lado de algumas semelhanças corporais ou conjunturais, há uma miríade de diferenças — de nacionalidade, raça, religião, etnia etc. — que separam as mulheres umas das outras. Nenhuma delas, porém, é tão importante quanto a diferença de classes sociais, quando menos porque interessa à mulher burguesa a reprodução do capitalismo. São os direitos e deveres comuns que caracterizam os membros de uma irmandade e não o pertencimento ao mesmo gênero. Não tenciono negar o feminismo, mas sim rebater a retórica da guerra dos sexos que vê um cada homem um inimigo potencial do sexo feminino. Esse tratamento estereotipado virou a tônica das relações intergrupais: cada ser humano não é tratado como um indivíduo, mas como o representante de um determinado grupo. Basta ser branco e do sexo masculino, por exemplo, para ser visto com antipatia por muitas(os) *soi-disant* esquerdistas, ainda que se seja um operário, num evidente despropósito: "Que insulto para a classe trabalhadora do Ocidente, cujo trabalho se situa na base dessas culturas, informá-los com afetação que eles não passam de opressores!" (Eagleton, 1998, p. 122).

2.2.2 Intersecções entre classe, gênero e orientação sexual

Reconheço que é incomum perscrutar a sexualidade pelas lentes marxistas. O motivo explicativo mais óbvio da desfamiliaridade do marxismo com as matérias sexuais é que o estudo social dessas últimas é uma especialidade de três tradições intelectuais — teoria de gênero, filosofia pós-estruturalista e teoria pós-moderna, e teoria sociológica — com delineamentos bem diversos do pensamento marxista (Reynolds, 2017). Não haveria como Marx ter tratado da diversidade de identidades sexuais, que é produto de desenvolvimentos históricos posteriores à sua morte.

Com a expansão do assalariamento, mais pessoas puderam se afastar de suas famílias de origem e as que possuíam atração pelo mesmo sexo aumentaram suas oportunidades de satisfazê-la (D'Emilio, 2021). Apesar disso, o status ideológico da família nuclear como "base da sociedade" sofreu poucas alterações e continuam sendo esperadas da comunidade doméstica "[...] a reprodução física dos seres humanos, a reprodução dos produtores e a reprodução social em geral através de um conjunto abrangente de instituições, pela manipulação ordenada dos meios vivos de reprodução, isto é: as mulheres" (Meillassoux, 1981, p. xiii, tradução minha).[5] No cumprimento de todas essas funções reprodutivas, a família também acaba por reproduzir o heterossexismo e a homofobia.

---

[5]   No original: "[...] the physical reproduction of human beings, the reproduction of the producers and social reproduction at large through a comprehensive set of institutions, by the ordered manipulation of the living means of reproduction, that is: women."

O capitalismo mantém uma ligação ambígua com a diversidade sexual. Ele

> [...] cria as condições materiais para que homens e mulheres levem vidas sexuais autônomas, mas, simultaneamente, procura impor normas heterossexuais na sociedade para garantir a manutenção da ordem econômica, social e sexual (Wolf, 2021, p. 35).

A diminuição da homofobia, nas últimas décadas, deve ser creditada ao ativismo das minorias sexuais e não à liberalidade do sistema capitalista. As novas liberdades sexuais não são vivenciadas de maneira equânime, porque as condições materiais dos indivíduos são desiguais. Enquanto uma minoria dos dissidentes sexuais tem uma vida desafogada, a maioria mal consegue satisfazer suas necessidades vitais básicas. Ao lado de uma Ellen DeGeneres, comediante lésbica mundialmente reconhecida, estão milhões de Dandaras, condenadas a existências sofridas e a mortes prematuras.

São costumeiras as inculpações de que o marxismo subestima a importância da luta feminista, atribuindo-lhe um lugar secundário face à luta de classes, ou de que ele analisa a opressão feminina sob um prisma economicista, o que lança dúvidas sobre a extinção dessa opressão num regime socialista. Primeiramente, esclareça-se que não há "feminismo", mas "feminismos": estruturalista, radical, marxista, liberal etc. É o feminismo liberal — que não espera a superação do capitalismo, mas melhores condições para as mulheres dentro das relações sociais capitalistas — que é sobremaneira ácido contra as teses marxistas. As críticas das feministas liberais a Marx são em grande parte infundadas, porque ele olha para o todo social "[...] de uma perspectiva material e não fragmentada, em que o econômico relaciona-se com o político e o ideológico, determinando-o e sendo determinado" (Palar; Silva, 2018, p. 723-724).

O eclipsamento da classe pelo gênero, preconizada por algumas correntes do feminismo contemporâneo, acarreta sérios inconvenientes. A diferenciação entre sexo — fundado na biologia — e gênero — elaborado para enfatizar a "[...] qualidade fundamentalmente social das distinções baseadas no sexo" (Scott, 2016, p. 10) — veio para quebrar a intransigência dos biologismos acerca do desejo sexual humano. Com ela, o pressentimento de que a sexualidade não existe num vazio sociocultural se espraiou por toda a sociedade. No entanto, o viés culturalista da categoria gênero enfatiza por demais os aspectos simbólicos da opressão das mulheres, em prejuízo dos aspectos materiais, e o esquematismo da dicotomia sexo/gênero pode camuflar que o sexo também é socialmente construído — ainda que sobre uma base biológica (Cisne, 2015).

Na luta para que as pessoas sejam sexualmente e materialmente livres, faz pouca diferença substituir "gênero" pelo equivalente francês "relações sociais de sexo". O principal é pensar na contingencialidade histórica das categorias "homem" e "mulher" (Scott, 1998). A ideia de conformidade de gênero, que sugere que "[...] pessoas com pênis são homens e devem ser estóicos, fortes, trabalhadores e protetores. Pela mesma lógica, pessoas com vaginas são mulheres e devem ser gentis, passivas, emocionais e maternais" (Fournier, 2022, [n.p.]),[6] não se embasa na biologia, mas em relações de poder. Basta alterá-las para mudar as subjetividades nelas fundadas.

Marx não estudou o jugo de um grupo específico, mas sim a estratificação social geral provinda da exploração econômica de uma classe por outra. Para abolir todas as discriminações, ele prescreve a abolição da propriedade privada,

> [...] porque não se aplaude nas sociedades o discurso contra qualquer cor de pele, qualquer raça, qualquer etnia, qualquer religião ou qualquer ideologia, e sim os discursos contra a cor de pele, a raça, a etnia, a religião ou a ideologia que se encontrem em situação de vulnerabilidade (Cortina, 2020, posições 70-71).

As(os) mais privilegiadas(os) que não se enganem: a particularização dos vicissitudes sociais inerente ao sistema capitalista projeta uma nuvem de instabilidade sobre todas as pessoas, que só pode ser dissipada com a solidariedade social pela qual pugnam os socialistas. Para nós, a saída da opressão sexual — e de todas as outras — não está na perspectiva interseccional, que tenta considerar concomitantemente os diferentes itens definidores das posições sociais, tais como raça, gênero, sexualidade, capacidade física, cidadania, etnicidade, nacionalidade, faixa etária e classe econômica (Collins; Bilge, 2020), mas no resgate da posição de classe como variável explicativa mais importante da desigualdade social.

A noção de interseccionalidade surgiu no seio do feminismo negro norte-americano para desencobrir a tripla opressão vivenciada pelas mulheres negras — por serem mulheres, negras e trabalhadoras da classe

---

[6] No original: "[...] people with penises are men and they should be stoic, strong, hard workers, and protectors. By the same logic, people with vaginas are women and they should be gentle, passive, emotional, and nurturing."

proletária — e tem sido usada por outros grupos sociais, como as pessoas trans, na luta por maior representatividade social. Porém, no seu surgimento, "[...] não pretendia o status de epistemologia ou teoria social, mas apenas de uma metáfora para pensar os efeitos cruzados das opressões sobre as mulheres negras" (Lima, 2020, p. 82). A metáfora interseccional tem um grande poder descritivo, mas um limitado poder explicativo: "[...] uma coisa é 'descrever' um fenômeno ou um grupo de fenômenos sociais, no qual a conexão entre capitalismo e opressão de gênero é mais ou menos evidente. Outra coisa é dar uma explicação 'teórica' para essa relação estrutural [...]" (Arruzza, 2015, p. 36).

As opressões devem ser analisadas em suas conexões com a totalidade social. Caso contrário, fica-se numa espécie de *reductio ad infinitum*, em que não se consegue identificar o começo de uma cadeia causal. Sem fechar os olhos à multicausalidade incidente em qualquer opressão social, entendo que, em primeira e em última instâncias, é o econômico que dá as cartas. O embaralhamento entre a economia e a cultura operado pelo culturalismo fez cair no esquecimento que o cerne da discriminação é a disputa pelos recursos disponíveis. Se tudo é cultura, tudo fica indistinto e não se consegue empreender qualquer crítica social. Para fugir dessa paralisia, afigura-se útil o juízo marxista da sociedade como uma totalidade animada por determinações de variado feitio. A produção e a reprodução dessa totalidade são processos inseparáveis, porém não confundíveis. A cultura é um epifenômeno do trabalho, de vez que é criada por ele.

2.2.3 Trabalho, cultura e educação

O trabalho gesta categorias inéditas, que irão aquinhoar a espécie humana com um lugar de destaque entre todos os seres. Onde quer que se encontrem, os seres humanos precisam retirar de seu entorno os recursos necessários para sua conservação e desenvolvimento. O modo de atender às necessidades quanto à alimentação, vestuário e habitação pode variar de cultura para cultura, mas as necessidades mesmas são invariáveis. Esse é o porquê das similitudes entre culturas tão distantes no tempo e no espaço. A condição primária de toda a história é trabalho, atividade eminentemente social, que se perfectibiliza mediante a cooperação, algo já anunciado pelo adjetivo "social" — "[...] do Latim *socius*, que significa 'aliado' [...]" (Raphael, 2017, p. 200, tradução minha).[7]

Posteriormente à sua criação, a cultura se desenvolve segundo regras próprias, dedutíveis dos rituais que a singularizam, sem jamais se desvencilhar por completo de suas bases materiais. As emoções mobilizadas pelos rituais culturais, corretamente designados como "meios de produção emocional" (Collins, 2009), agem no sentido da manutenção de determinados arranjos sociais. A sociedade se produz pelo trabalho e se reproduz pelos rituais religiosos e laicos. Não é exagero considerar que suas bases organizativas são ritualísticas. Os rituais proliferam mesmo nos espaços mais insuspeitos, como a escola, onde as rotinas que cadenciam o dia a dia de seus atores — rígida disciplina de horários, tarefas periódicas, avaliações, comemoração de efemérides, conselhos de classe, formaturas — terminam por fixar-se em comportamentos exibidos em recortes espaço-temporais muito bem delimitados (Mclaren, 1999).

O culturalismo é muito forte na tradição intelectual dos Estados Unidos — e, por consequência, nos países sob sua influência cultural — em virtude do trabalho de Franz Boas (1858-1942). Ao emigrar para aquele país, Boas ajudou a popularizar a noção alemã *Kultur*, que vê a cultura como expressão da unicidade de um grupo humano e que se contrapõe ao termo francês *Civilisation*, aplicado pelas elites francesas no século XVIII para glorificar o alegado refinamento social deflagrado pela disseminação de seus hábitos (Maia; Pereira, 2009). O *parti pris* francês embebia-se de um universalismo moderno que a hiperbolização pós-moderna das diferenças tornou *démodé*. A eleição pelos alemães da *Kultur*, desde o final do século XIX, como o elemento insuprimível de sua identidade nacional, a ser afirmado com toda a força contra as outras nações (Iturbe, 2019), demonstra a impropriedade em se ter a diferença como um valor emancipatório excelso.

A originalidade de Boas residiu em recobrir a *Kultur* alemão de vestes relativistas, entrando em rota de colisão com o evolucionismo que posicionava a Europa como o centro em torno do qual todos os povos deveriam orbitar. A publicação de "The mind of primitive man", em 1911, deu partida à declinação de "cultura" no plural. Boas pontuou, em desacordo com o racismo científico de celebridades como Arthur de Gobineau

---

[7] No original: "[...] from the Latin *socius,* meaning 'ally' [...]".

(1816-1882) e Houston Stewart Chamberlain (1855-1927), que os processos de formação e de transformação de cada cultura são dinâmicos e únicos. Diante disso, restaria ao antropólogo a persecução do sentido que os sujeitos atribuem a suas próprias práticas e não de leis culturais gerais. Na comparação entre as culturas, as diferenças entre elas contariam mais que as similaridades.

O evolucionismo social, corrente que prevaleceu nos albores da disciplina antropológica e que teve como principais expoentes Lewis Henry Morgan (1818-1881), Edward Burnett Tylor (1832-1917) e James Frazer (1854-1941), veiculava a tese de que as culturas progridem através de uma sucessão de fases que culmina na civilização. A instalação da Europa Ocidental — presumido berço da razão — no final dessa linha de desenvolvimento a habilitaria à colonização do mundo, para o melhor interesse das nações não europeias, que se colocariam assim na estrada do progresso. Ao declarar que diferenças inatas não explicam a pletora de variações culturais compilada pelos antropólogos, Boas implode a pedra angular do mito evolucionista: a classificação racial da população mundial.

Entre outros feitos, ele invalidou o argumento da fixidez de certos marcadores raciais, como as medidas cranianas, com a conjectura de que o índice cefálico sozinho não podia servir de princípio tipológico primeiro, em função da sua suscetibilidade a influências ambientais (Boas, 1940). A antropologia boasiana, indubitavelmente inclusiva, comporta a vulnerabilidade de visualizar as culturas como totalidades *sui generis*. O encapsulamento das culturas leva a exageros como o dissentimento da American Anthropological Association (AAA), em 1947, em relação à Declaração Universal dos Direitos Humanos que estava sendo redigida pelo comitê presidido por Eleanor Roosevelt (1884-1962), por ela não albergar "[...] uma declaração do direito dos homens de viver de acordo com suas próprias tradições [...]" (AAA, 1947, p. 543, tradução minha).[8]

A preocupação desses antropólogos em defender as diferentes culturas da uniformização liderada pelo Norte Global é elogiável, mas o que dizer de desumanidades como o infanticídio praticado por alguns povos indígenas isolados do Brasil, conforme critérios de cada etnia, ou da mutilação genital feminina — remoção parcial ou total dos órgãos genitais femininos — efetuada principalmente em regiões da África e do Oriente Médio? Deve-se aceitá-las, em nome do respeito às particulari-

---

[8] No original: "[...] a statement of the right of men to live in terms of their own traditions [...]".

DIVERSIDADE SEXUAL À LUZ DA PSICOLOGIA SÓCIO-HISTÓRICA

dades culturais, ou tentar coibi-las, à base do diálogo? O bom-senso nos empurra para a segunda alternativa:

> Confundir relativismo cultural com tolerância radical foi um lapso disciplinar dos antropólogos, valendo-lhes por isso títulos pouco nobres para o pensamento racionalista dominante, tais como subjetivistas, niilistas, incoerentes [...] (Diniz, 2001, p. 32).

A observância das diferenças não pode derruir os direitos humanos fundamentais, assim nomeados em função de sua essencialidade a uma vida decente. A tradição filosófica ocidental sempre acorreu a essências inalteráveis — a *physis*, a alma, Deus — para nortear as relações do ser humano com ele mesmo e com os outros. A noção moderna de "direitos humanos universais" se ampara na ideia de sujeito de direito individual e também é fortemente essencializante. Nos círculos acadêmicos, a palavra essência, referente à constituição interna de algo, ganhou ares de vitupério. Quem a emprega é olhado de imediato como alguém que quer suster um cenário que lhe é benéfico, por mais que esse seja prejudicial a outrem. Sem ratificar o vale tudo relativista, concordo que a confiança em uma verdade única pode levar água ao moinho totalitarista.

O desmantelamento de algumas certezas que aspiravam à validade universal concede uma prospecção mais exata dos processos de constituição de identidades e põe em xeque o credo em subjetividades fixas, estáveis e homogêneas. Esse descentramento identitário deslegitima o binômio normal/anormal, concretizado em divisões como "[...] o louco e o são, o doente e o sadio, os criminosos e os 'bons meninos'" (Foucault, 2001, p. 241, tradução minha),[9] e facilita a movimentação dos marginalizados para o centro da sociedade. Ainda assim, o raciocínio pós-moderno de que a linguagem é o único aspecto cognoscível da realidade pode obnubilar a estruturalidade da opressão e impossibilitar "[...] uma compreensão sistemática de nosso momento histórico, uma crítica geral ao capitalismo e, praticamente, a toda e qualquer ação política eficaz" (Wood, 1999, p. 20).

Marx abre a possibilidade da ética, não abstrata e individualmente, mas na concretude das relações cotidianas: "[...] a essência humana não é uma abstração intrínseca ao indivíduo isolado. Em sua realidade, ela é o conjunto das relações sociais" (Marx, 2007, p. 534). Dito de outro modo, a vida racional somente é desenvolvida em sociedade e o individualismo só

---

[9] No original: "[...] el loco y el cuerdo; el enfermo y el sano; el criminal y los 'buenos muchachos'."

pode conduzir ao irracionalismo. A eticidade que une as diferentes partes da obra marxista é o desejo de que as pessoas definam o seu trabalho a partir de seus próprios objetivos, mesmo porque "[...] quando se fala em *propriedade privada*, acredita-se estar se tratando de uma coisa fora do homem. Quando se fala do trabalho, está-se tratando, imediatamente, do próprio homem" (Marx, 2010, p. 89, grifo do autor).

A marca distintiva do pensamento marxista é a categoria da totalidade: "Não é o predomínio de motivos econômicos na explicação da história que distingue decisivamente o marxismo da ciência burguesa, mas o ponto de vista da totalidade." (Lukács, 2003, p. 21). À vista disso, a afoiteza em etiquetar Marx como economicista é ideologia da pior espécie. Economicista é a burguesia, que usa de todos os subterfúgios para alardear a preeminência do sistema econômico sobre todos os outros sistemas sociais. A obra marxiana é um contraponto à monetização da vida, consubstanciada no aforismo "Fora da economia não há salvação." Marx quis provar que qualquer salvação depende efetivamente do controle do poder econômico pela política — pela política proletária, bem entendido.

A paridade entre classe, raça e gênero não encaixa na grelha analítica materialista, porque esses três termos "[...] nomeiam relações sociais inteiramente diferentes, e elas em si são abstrações que precisam ser explicadas em termos de histórias materiais específicas" (Haider, 2019, p. 36). Não quero dizer que as categorias raça e gênero não têm nenhum valor heurístico. A raça é crucial à reprodução das relações de classe, não apenas porque "[...] os grupos pertencentes a uma categoria étnica tratam outros grupos de forma racialmente discriminatória, mas porque a raça é um dos fatores que fornece a base material e social em que o 'racismo' como uma ideologia floresce" (Hall *et al.*, 1978, p. 347, tradução minha).[10] O mesmo pode ser dito do gênero, que permanece como uma categoria útil à análise histórica (Scott, 2016), desde que não se estabeleça uma falsa equivalência entre ela e a classe social.

A mediação, uma das categorias mais importantes para captar os nexos causais que delimitam a realidade, põe em relevo o fato de que a realidade não pode ser pensada como imediaticidade, mas apenas a partir de suas mediações constitutivas — sociais, econômicas, políticas, religiosas, de gênero e outras mais —, cuja inobservância leva a idealizações

---

[10] No original: "[...] groups belonging to one ethnic category treat other groups in a racially discriminatory way, but because race is one of the factors which provides the material and social base on which 'racism' as an ideology flourishes."

descoladas da facticidade concreta (Aguiar; Carvalho; Marques, 2020). A mediação que lança o ser humano na história é o trabalho, atividade consciente e livre que o distingue do restante da natureza (Marx, 2010). A liberdade se expressa na capacidade de se anteceder às consequências possíveis de suas ações e escolher o rumo comportamental mais apropriado.

As intervenções do ser humano na natureza retroagem sobre ele e complexificam seu psiquismo. Graças ao trabalho, agregam-se às funções psíquicas elementares, presentes em todos os animais, funções psíquicas superiores (FPS) como a memória, a atenção, o pensamento e a fala (Vygotski, 2001). A mediação não é um mero elo entre dois fenômenos. Pela mediação instrumental, a espécie humana adapta a natureza, com grande economia de tempo e de força, às suas pretensões. O uso do instrumento marca o advento da cultura, ao apontar para a interpolação da consciência na relação entre sujeito e objeto (Engels, 2006). Em diálogo com a teoria marxista-engelsiana, Vigotski (1896-1934)[11] elenca o emprego de ferramentas e a linguagem como as "duas formas culturais básicas do comportamento" (Vygotski, 2000, p. 18, tradução minha).[12] Há uma dupla mediação na atividade humana:

> [...] por um lado, é mediada pelas ferramentas no sentido literal da palavra e, por outro lado, mediada pelas ferramentas no sentido figurado, pelas ferramentas do pensamento, pelos meios, com a ajuda dos quais a operação intelectual é realizada, isto é, mediada com a ajuda de palavras (Vygotski, 2006, p. 165, tradução minha).[13]

O embrião das formas superiores do comportamento humano é a interação social, em que os participantes utilizam a fala para se influenciarem mutuamente. Ao internalizar a fala, a criança passa a encetar uma espécie de diálogo interno, que levará ao desenvolvimento das FPS (Minick, 1996). A interposição do signo linguístico entre o estímulo ambiental e a resposta comportamental permite o planejamento dos comportamentos humanos, que irão se distanciar cada vez mais das reações instintivas diretas características dos animais irracionais. O processo de formação

---

[11] Dentre as muitas grafias utilizadas para referenciar o formulador original da abordagem sociointeracionista — Vigotski, Vygotski, Vigotsky ou Vygotsky —, optei pela primeira, forma abrasileirada que utilizarei no corpo do texto, salvo nas citações.

[12] No original: "[...] dos formas culturales básicas del comportamiento".

[13] No original: "[...] por una parte, está mediada por las herramientas en el sentido literal de la palabra y, por otra, mediada por las herramientas en sentido figurado, por las herramientas del pensamiento, por los medios, con ayuda de las cuales se realiza la operación intelectual, o sea, mediada con ayuda de las palabras."

do sistema psicológico superior é interminável, "[...] pois, apesar da estrutura das FPS não mudarem, as conexões (ou nexos) mudam" (Souza; Andrada, 2013, p. 357). Vigotski não se cansa de frisar a índole social — leia-se: externa — de funções psíquicas como a atenção voluntária e o pensamento abstrato:

> O isolamento da comunidade ou a dificuldade de desenvolvimento social, por sua vez, determina o desenvolvimento incompleto das funções psíquicas superiores, as quais, quando o curso das coisas é normal, surgem diretamente em relação ao desenvolvimento da atividade coletiva da criança (Vygotski, 1997, p. 223).[14]

Na abordagem sociointeracionista, a linguagem é a ponte entre os planos intra e interpsíquicos: "[...] no desenvolvimento da criança [...] a forma fundamental de comportamento coletivo, de colaboração social com os outros, torna-se a forma interna de atividade psicológica da própria personalidade." (Vygotski, 1997, p. 215, tradução minha).[15] Não há que se confundir, portanto, a mediação produtiva e a educacional:

> Os complexos ideológicos se distinguem do trabalho, não apenas pelo seu caráter fundado, mas também porque não cumprem a função social de produzir os meios de produção e de subsistência a partir da transformação da natureza [...] (Lessa, 2007, p. 110).

Complexos ideológicos, aqui, têm o sentido de concepções de mundo. Entram nessa classificação a educação, a ciência, a arte, a ética, a política, o direito, a linguagem, a sexualidade, enfim, tudo o que se considera superestrutura.

A importância desses complexos não é residual, já que eles "[...] exercem uma força material na determinação do mundo dos homens, são partes fundamentais (ainda que não fundantes) da reprodução de qualquer sociedade" (Lessa, 2007, p. 110). Em sua primeira elaboração, a noção marxista de ideologia corresponde a um falseamento da realidade: "Até o momento, os homens sempre fizeram representações falsas de si mesmos, daquilo que eles são ou devem ser [...] Os produtos de sua cabeça

---

[14] No original: "El apartamiento de la colectividad o la dificultad del desarrollo social, a su vez, determina el desarrollo incompleto de las funciones psíquicas superiores, las cuales, cuando es normal el curso de las cosas, surgen directamente en relación con el desarrollo de la actividad colectiva del niño."

[15] No original: "[...] en el desarrollo del niño [...] la forma fundamental de la conducta colectiva, de la colaboración social con los otros, se convierte en forma interior de actividad psicológica de la propia personalidad."

tornaram-se independentes." (Marx, 2007, p. 523). Mais tarde, Marx amplia o conceito, ao falar das "[...] formas ideológicas através das quais os indivíduos tomam consciência da vida real, ou melhor, a sociedade toma consciência da vida real" (Löwy, 2010, p. 12).

Nenhuma classe social escapa da ideologia, matriz de inteligibilidade de qualquer experiência. No regime capitalista, a burguesia impõe sua ideologia às classes dominadas, auxiliada por instituições como a escola, a família, o sistema político, o direito, os meios de comunicação social e as religiões. É por isso que, para entender os seres sociais, não se deve ater ao que eles dizem ou imaginam de si mesmos, porque essas representações quase sempre são "[...] a expressão das relações que fazem de uma classe a classe dominante, são as ideias de sua dominação" (Marx; Engels, 2007, p. 47). Um dos baluartes da ideologia burguesa é a compulsoriedade do regime heterossexual, "[...] regime político indispensável à divisão sexual do trabalho e à designação do invisível trabalho reprodutivo" (Sánchez, 2015, [n.p.], tradução minha).[16]

A norma heterossexual é funcional à reprodução e à dilatação do capitalismo e parece controlar todos os pensamentos, ações e sentimentos. Poucas(os) conseguem se afastar dela sem serem acometidas(os) pela culpa (Wittig, 2006). Para impugná-la, os grupos subalternos precisam de um quadro de intelectuais orgânicos, compromissados com a classe proletária e aptos a dar a ela "homogeneidade e consciência da própria função" (Gramsci, 2001, p. 15) nos diferentes cenários da vida social. A(o) profissional mais talhada(o) para essa empreita é a(o) docente.

Na proposição vigotskiana, a educação escolar promove

> [...] a interiorização dos signos da cultura, modifica radical-
> mente o desenvolvimento e a estrutura das funções psíqui-
> cas, reconstituindo suas propriedades e possibilitando-lhes
> o mais amplo alcance (Martins, 2012, p. 3).

A expertise da escola em formar intelectuais de todos os gabaritos a coloca numa intensa disputa ideológica. Gramsci (2001) sentencia que, embora todos os homens sejam intelectuais, nem todos eles desempenham a função de intelectuais na sociedade. Os intelectuais *stricto sensu* são aqueles que exercem ofícios em que os elementos mentais predominam sobre os braçais. A distinção entre intelectuais e não intelectuais só tem razão de ser

---

[16] No original: "[...] régimen político indispensable para la división sexual del trabajo y para la asignación del invisible trabajo reproductivo."

na sociedade de classes, em que uma minoria é educada para comandar e a maioria para obedecer. A separação entre o *homo faber* e o *homo sapiens* se dá às custas da mutilação da essência humana.

Para a classe proprietária, interessa que o operário reduza seu esforço intelectual ao estritamente necessário ao desempenho de suas funções, de modo que "[...] mais se assemelhe em sua constituição mental a um boi, que a qualquer outra coisa" (Taylor, 1990, p. 53). A forma nada lisonjeira como os trabalhadores são tratados visa diminuir seu nível de aspiração, para que não reconheçam seu próprio potencial. Toda educação é uma educação para o trabalho, já que o processo de autoprodução é fruto da aprendizagem: "[...] a produção do homem é, ao mesmo tempo, a formação do homem, isto é, um processo educativo." (Saviani, 2007, p. 154). A educação permite a "[...] apropriação dos resultados da atividade cognitiva das gerações precedentes" (Leontiev, 2004, p. 284), sedimentando o pensamento e o saber de uma geração. Salta aos olhos, assim, a incindibilidade da díade trabalho-educação.

A feição assumida pela educação se sujeita à forma como se concebe o trabalho. Um trabalho alienante desemboca numa educação igualmente alienante, mais assemelhada a um adestramento. Não é à toa que o genitor da administração científica se fia na possibilidade de "[...] treinar um gorila inteligente e torná-lo mais eficiente que um homem [...]" (Taylor, 1990, p. 43). A mutação de seres unilaterais em seres omnilaterais está consorciada à reengenharia de todo o processo produtivo e também da educação (Marx, 2010; Marx; Engels, 2010). Educação não é só ensino e aprendizagem, ela é a maneira de encontrar um propósito e de ajudar as(os) outras(os) a fazerem o mesmo. Para inibir as virtudes revolucionárias da educação, o bloco conservador tem assediado professoras(es) que incursionam nas questões de gênero.

O modo de produção capitalista carrega consigo muitas contradições. A mais insolúvel delas é que nele o trabalho, atividade fundadora da humanidade, degenera em fator de negação das potencialidades humanas. O conceito de contradição pode ser empregado de dois modos básicos. O mais conhecido provém da lógica aristotélica, em que duas asserções incompatíveis entre si — por exemplo, "todos os homens são mortais" e "todos os homens são imortais" — não podem ser falsas e verdadeiras a um só tempo. A veracidade de uma exclui a da outra (Aristóteles, 1982). Apreciada dialeticamente, a contradição embute-se no movimento do real e acontece "[...] quando duas forças aparentemente opostas estão presentes ao mesmo tempo em determinada situação, entidade, processo ou evento" (Harvey, 2016, p. 15).

Para extinguir a sede de coerência decorrente de sua natureza racional, o ser humano tem de deslindar as contradições com as quais esbarra, e nessa busca constrói a história, ao mesmo tempo que é construído por ela. Decretar o fim da história, como já foi feito (Fukuyama, 1992), equivale a decretar o fim das contradições, algo sumamente impossível. As soluções para as contradições nunca são definitivas e a humanidade vive num permanente devir. A superação de uma contradição se ultima numa realidade de nível superior que, ainda que mais complexa, também é contraditória, porque conserva algo da realidade negada. Isso não impede o espalhamento da ideia de que não existem alternativas ao sistema econômico atual. A desistoricização naturaliza as estruturas sociais, para que permaneçam como estão ou que mudem com o mesmo vagar da evolução natural.

A interpretação biologista dos fatos sociais acoberta que a biologia também entoa os preconceitos hegemônicos e não possui a exatidão que muitos lhe creditam. Um dos reducionismos mais correntes é colocar o corpo biológico — o dos órgãos e das funções orgânicas — como eixo de todo o universo social. O essencialismo biológico é perceptível na comparação da sociedade com um organismo natural, na descrição do mercado como um ringue darwinista onde só os mais fortes sobrevivem, na tese de que há uma compulsão a certos comportamentos a depender da raça, no entendimento de que vagina e pênis determinam o que é ser mulher e o que é ser homem, dentre muitas outras ideologizações.

Comprimido entre ficções biológicas e sociais, o sexo "[...] é lido como se nele estivessem embutidos certos significados inerentes, significados que, na verdade, derivam de interpretações ideológicas do que o sexo deveria ser" (Chanter, 2007, p. 6, tradução minha).[17] O binarismo sexual, axial às estruturas burguesas de poder, sequer existia até o século XVIII: "No modelo de sexo único, dominante no pensamento anatômico por dois mil anos, a mulher era vista como um homem invertido: o útero era o escroto feminino, os ovários eram os testículos, a vulva era o prepúcio, e *a vagina era o pênis*" (Laqueur, 2001, p. 281, grifo do autor). As categorias homem e mulher só serão alteradas se se alterarem as relações

---

[17] No original: "[...] is read as if embedded within it were certain inherent meanings, meanings which in fact derive from ideological interpretations of what sex should be."

sociais que as tornam possíveis, o que compreende a desnaturalização de práticas culturais.

O historicismo marxista ambiciona esclarecer o vínculo entre a produção/reprodução da totalidade da vida social e o espólio cultural recebido de outras gerações. Em ruptura com o evolucionismo cultural, que explica o presente pelo passado, Marx explica o passado pelo presente. Daí sua afirmação de que "a anatomia do ser humano é uma chave para a anatomia do macaco" (Marx, 2011, posições 79-80). A análise do capitalismo esclarece determinações constitutivas não só desse sistema político-econômico, mas também daqueles que o antecederam, menos desenvolvidos e complexos. Cada época histórica possui um caráter singular, reconhecível a partir das tendências evidenciadas nas diferentes práticas sociais em que homens e mulheres se engajam. Porém, os resquícios do passado no presente fazem com que a história seja mais que uma narrativa.

Na medida em que o histórico "[...] contém não apenas um movimento em geral, mas sempre também uma determinada direção na mudança, uma direção que se mostra em mudanças qualitativas de determinados complexos, em si e em relação com outros complexos" (Lukács, 2018, p. 614), os diferentes momentos da aventura humana no planeta devem ser pensados como uma totalidade. A concatenação entre os diferentes eventos históricos é causal e não teleológica, o que afasta a hipótese de uma história semovente: pode-se fazer a história, ao invés de padecer dela. O pesquisador sintonizado com esse propósito tem a obrigação de analisar os vínculos entre seu objeto de estudo e a formação social em que vive para então estimar as chances de transformação.

A defesa de uma atividade intelectual neutra funda-se, na melhor das hipóteses, no desconhecimento dos condicionantes sócio-históricos que afetam qualquer saber, e, na pior, em uma mal disfarçada cumplicidade com a classe dominante. Alguns profissionais da crítica gostam de se colocar acima de qualquer crítica e se limitam a desfiar causas e consequências ou a descrever significados, como se não fizessem parte da sociedade que estudam. Nas ciências humanas, tornou-se comum um dogmatismo de sinais trocados, que, ao anúncio de verdades absolutas, redargue que não existe verdade nenhuma, postulado que fortalece fenômenos como a "cultura do cancelamento" e o "filtro bolha" (Paula; Domingues, 2020). O estudioso verdadeiramente crítico quer implantar, no lugar da totalidade capitalista, uma totalidade socialista, em que proletariado se torne uma classe para si, com inteiro acesso à compreensão racional da realidade.

Uma vez que a educação, latamente considerada, inclui os movimentos sociais, os grupos que se convencionou chamar de identitários podem dar uma grande contribuição no ensino político das velhas e novas gerações. Os identitários conseguiram a façanha de serem atacados por pessoas situadas em ambas as extremidades do espectro político. A esquerda tradicional afirma que eles fragmentam o campo progressista e enfraquecem a luta contra o capital e a direita os responsabiliza de dividirem a sociedade, em desrespeito a uma unidade imaginária veiculada em lemas como "meu partido é o Brasil". O problema, porém, não é o identitarismo, mas o identitarismo liberal, que leva alguns homens gays cis, por exemplo, a desprezarem os afeminados e a menosprezarem as mulheres, por se balizarem pelas regras heterossexuais (Breña, 2018).

A diversidade, sem consciência de classe, conflui para a atomização da sociedade, na esteira da qual seguem a desagregação e a desintegração sociais. A história só se transforma através da ação coletiva crítica e autocrítica: os movimentos sociais tradicionais devem ficar mais atentos aos aspectos culturais da opressão e os emergentes, aos aspectos materiais. Para arrematar o debate estéril sobre a priorização das pautas identitárias ou da economia, é indeclinável diferenciar exploração de opressão: a primeira é "[...] a relação entre as classes que faz referência à apropriação do produto do trabalho excedente das massas trabalhadoras por parte da classe possuidora dos meios de produção" (D'Atri, 2008. p. 20) e a segunda, "[...] uma relação de submissão de um grupo sobre outro por razões culturais, raciais ou sexuais" (D'Atri, 2008, p. 20).

Patriarcado, capitalismo e racismo são sistemas de dominação--exploração em interação simbiótica: "Enquanto a dominação pode, para efeitos de análise, ser situada essencialmente nos campos político e ideológico, a exploração diz respeito diretamente ao terreno econômico" (Saffioti, 1987, p. 50). Opressão e exploração soem estabelecer entre si uma relação de causa e consequência. Normalmente, oprime-se alguém para explorá-lo com mais eficiência ou para retirá-lo da competição pelos recursos sociais, com a destruição de sua autoconfiança. Embora seja usual que a opressão se valha das diferenças para gerar desigualdade, essa relação não é automática.

Ainda que a opressão paire sobre todos os indivíduos, os mais poderosos conseguem afugentá-la, por contarem com mais recursos materiais e simbólicos. Nem por isso os dissidentes sexuais mais abastados estão a salvo das constrições sexuais. Não causa nenhuma surpresa os beneficiários da ordem dominante dizerem que a palavra "opressão" é hiperbólica, pois quem concorda que existe a opressão deve concordar que há uma situação concreta que a produz, algo que os ideólogos do capital não farão nunca. O que se pode esperar deles é o patrocínio da tese de que o sistema capitalista recompensa com justiça aqueles que fazem por merecer.

A maior liberdade sexual desfrutada por mulheres e pelas minorias sexuais, arrefecedora de certos despropósitos do determinismo biológico, como a inferiorização feminina e a medicalização da sexualidade, deve ser tomada *cum grano salis*, porque pode reforçar um individualismo já bastante cultuado, em abandono às exigências de transformação da ordem social. Os laços sociais sempre marcam presença na vida, mas podem afrouxar de tal maneira que se torna aceitável a obrigação de achar um lugar no mundo sem qualquer tipo de ajuda.

Individualismo e individualidade, foneticamente parecidas, têm significados distintos. A individualidade, aspecto nuclear da identidade pessoal, nutre-se dos vínculos sociais, que criam as condições para que os indivíduos possam afirmar desejos, pôr projetos em marcha e usufruir de segurança. Já o individualismo desacopla a individualidade do coletivo, em desatenção a um aspecto muito caro da sociologia: a condição das pessoas de seres sociais, da qual procedem seus hábitos e rotinas. A noção de totalidade é antípoda ao individualismo: "Quanto mais remontamos na história, melhor aparece o indivíduo, e, portanto, também o indivíduo produtor, como dependente e fazendo parte de um todo mais amplo [...]" (Marx, 2008, p. 238).

O todo de que Marx fala não é uma integração harmoniosa de elementos distintos, como a cidade ideal em *A República* (Platão, 2001), cujas classes — a dos comerciantes, dos guerreiros e dos governantes — espelhariam as faculdades da alma humana, mas uma totalidade concreta — "[...] sistema dinâmico e contraditório de relações articuladas que se implicam e se explicam estruturalmente" (Paulo Netto, 2006, p. 30) — que deve ser adequadamente apreendida para que a divisão social do trabalho, matriz de todas as hierarquias sociais, deixe de existir. A falha da atomização individualista é colocar a lupa nos indivíduos e não nas suas relações: "Só quer conhecer João, Pedro e Paulo, mas João, Pedro e Paulo só são homens em virtude das relações que existem entre eles" (Dumont, 1985, p. 23).

É inolvidável que "[...] o *homem* não é um ser abstrato, acocorado fora do mundo. O homem é o *mundo do homem*, o Estado, a sociedade" (Marx, 2010, p. 145, grifos do autor). O desfecho da desobrigação ética e política desencadeada pelo individualismo não é outro senão a banalização da violência. Poucos duvidam que a fase histórica atual é extremamente individualista, por obra do endeusamento do mercado capitalista, transformado num ente sensível — que exige, avalia, propõe, teme e desconfia — pela hipostasiação neoliberal. Distantes de seus semelhantes e ludibriadas pelos meios de comunicação, as pessoas são presas fáceis do pensamento de que a gestão e a regulamentação de todas as atividades humanas devem ser confiadas ao mercado, fonte motriz das desigualdades (Ramonet, 2003).

A liberdade humana não se encerra na liberdade sexual. Igualá-las é descuidar que o capitalismo amplia as ambições de prazer para rentabilizar o desejo humano (Tenenbaum, 2021), enquanto sonega à maioria as condições objetivas — tempo livre, mobilidade, contatos, um teto — para satisfazê-las. Embora as ações empresariais voltadas às pessoas LGBTQIA+ lhes confiram maior visibilidade, elas são de pouca valia para as(os) pauperizadas(os) da comunidade (Nunan, 2015). A identidade será tanto mais fluida quanto mais recursos se têm à mão. Conforme as indicações materialistas-históricas, a autonomia do indivíduo é limitada por uma combinação de circunstâncias prévia a ele. A tese filosófica fundamental de Marx é a de que o pensamento resulta antes do real do que o real do pensamento.

Numa guinada de 180 graus na história do pensamento ocidental, a compreensão metafísica da humanidade cede passo à apreciação dos seres humanos como seres práticos e sociais, que se autoproduzem a partir de suas objetivações e cujas relações entre si e com a natureza são pautadas pelo grau de desenvolvimento dos meios produtivos à sua disposição (Marx; Engels, 2007). Os sujeitos são condicionados — e não determinados — pela materialidade existente. Sua liberdade é alcançável, desde que, conduzidos pela reflexão teórica, transitem do senso comum — conhecimento empírico — para a consciência filosófica — concreto pensado (Saviani, 2013).

Nesses tempos desesperançados, em que as utopias parecem irrealizáveis, o empenho em manter uma aparência atraente substitui o antigo fervor pelos projetos coletivos. Por sorte, os ideais de liberdade espalhados pela sociedade atual são fortes o suficiente para solapar qualquer conservadorismo (Vencato; Silva; Alvarenga, 2018). Falta uma força capaz de congregá-los e essa força é a consciência socialista. O que está em jogo é qual visão da sociedade irá prevalecer entre as futuras gerações: a democrática ou a autoritária. O conceito de gênero milita pela primeira posição: "Contestando o caráter 'natural' do feminino e do masculino, o conceito indica que há um processo, uma ação, um investimento para 'fazer' um sujeito 'de gênero' (e não se duvida que a educação tem a ver com isso)" (Louro, 2002, p. 229).

2.2.4 Questões de gênero

As subjetividades são produzidas a partir das possibilidades sociais disponíveis em cada época histórica. Em consequência, a reflexão sobre as subjetividades contemporâneas envolve a auscultação do sistema capitalista que as cinzela (Chagas, 2013). Ser uma mulher ou ser um homem é personificar modelos subjetivos socialmente definidos (Nolasco, 2017). A masculinidade e a feminilidade não existem por elas mesmas e determinam os padrões de normalidade para mulheres e homens (Molinier; Welzer--Lang, 2009). As(os) dissidentes dessas classificações são tratadas(os) rotineiramente como seres abjetos, violência que não pode perdurar, se se quiser levar a dignidade humana a sério. As percepções sociais sobre as minorias sexuais avizinham-se das crenças sobre gênero.

A cisgeneridade e a heterossexualidade ligam-se mais à reprodução da ordem social do que à reprodução biológica da espécie (Borrillo, 2010). Até os heterossexuais que se afastam dos estereótipos de gênero — mulheres agressivas, homens sensíveis etc. — estão na alça de mira da violência homofóbica. Para não sofrer sanções sociais, nenhum homem ou mulher pode deixar a menor dúvida quanto às suas respectivas masculinidade e feminilidade. A misoginia, mais que o ódio às mulheres, é o ódio a tudo que confronta a hegemonia masculina: "Por essa perspectiva faz sentido a rejeição do feminino no homem, pois tanto os gays afeminados como as crianças afeminadas são uma ameaça a heteronormatividade [...]" (Moura; Nascimento; Barros, 2017, p. 1516-1517).

A diversidade sexual incomoda sobretudo quem se dedica a naturalizar o social. Algumas culturas são mais homofóbicas, outras menos, mas todas apresentam ideais de masculinidade e de feminilidade que acabam por ser excludentes. Para prolongar essa segregação, os setores dominantes preceituam uma inflexível separação entre privado e público que se traduz na despolitização do cotidiano. O slogan do pensamento feminista da segunda onda — "o pessoal é político" — foi a senha para que os ativistas sexuais questionassem a naturalidade dos ideais em referência. Kate Millett (1995) foi uma das que jogaram os holofotes sobre o aspecto político do sexo, até então encoberto pelos interesses masculinos.

O bafejo da dominação masculina sobre todos os aspectos da cultura faz do feminismo um assunto não só de mulheres, mas de todas(os) as(os) que almejam a superação da razão androcêntrica, como as(os) LGBTQIA+, tangidas(os) para fora da redoma protetiva do Direito por epistemologias falsamente gerais. A estereotipação de gênero visa colocar a existência feminina ao talante da vontade masculina. O supedâneo da dominação masculina é o princípio simbólico da superioridade da masculinidade em relação à feminilidade, "[...] conhecido e reconhecido tanto pelo dominante quanto pelo dominado [...]" (Bourdieu, 2012, p. 8). A analogia entre a reprodução biológica e a reprodução da vida cotidiana busca incentivar os indivíduos à aceitação inelutável da divisão sexual das tarefas.

Nessa lógica torta, os homens, mais racionais, encarregam-se do extraordinário — guerrear, filosofar, comandar, pesquisar, criar, produzir — e as mulheres, mais próximas da natureza, do ordinário — limpar, arrumar, lavar, passar, cozinhar, cuidar dos filhos. A subordinação social das mulheres principiou com o ajuste entre os homens quanto à propriedade dos bens e dos corpos femininos. A desculpa da debilidade física, nas sociedades arcaicas, ou intelectual, nas sociedades modernas, coloca as mulheres debaixo do tacão patriarcal. A lista dos mitos que plasmam a superioridade masculina é extensa demais para ser enumerada. Na liturgia tradicional judaica, os homens bendizem a Deus todas as manhãs por não terem nascido mulheres, enquanto estas se resignam a louvar por terem sido feitas conforme a vontade divina (Hitchens, 2012).

Nas duas principais tradições do mundo ocidental, o mal entra no mundo pela mulher. O poeta grego Hesíodo narra que a raça humana, em seus primórdios, não conhecia nenhum infortúnio, mas quando Pandora, que Zeus enviou aos homens para se vingar de Prometeu, abriu a jarra trazida do Olimpo como presente de núpcias a Epimeteu, "[...] dela evolaram todas as calamidades e desgraças que até hoje atormentam os homens" (Brandão, 1986, p. 168). Na tradição judaico-cristã, os humanos também estavam ao abrigo da dor até que Eva cedeu à tentação da serpente e ingeriu o fruto da árvore da ciência do bem e do mal, dividindo-o com seu companheiro. A divulgação de imagens derrogatórias das mulheres não é exclusiva à religião.

A exiguidade de mulheres na filosofia, que passa por uma correção paulatina, traz a lume a veia patriarcal do discurso filosófico. Com a palavra, Aristóteles (2015), que alegou que a alma feminina é completa, exceto quanto à capacidade de decidir. Seu arrazoado de que o macho é o animal que gera em outro e a fêmea o que gera em si e do qual nasce o ser gerado, transposto para as relações humanas, encaminha os homens para as atividades criativas e as mulheres para as repetitivas (Aristóteles, 1992).

Na modernidade, a separação cartesiana entre *res cogitans* (espírito) e *res extensa* (matéria) deu o tom das representações filosóficas sobre a mulher, em reforço à associação tradicional entre espírito/racionalidade masculina e corpo/sensibilidade feminina (Descartes, 2001). Immanuel Kant (1724-1804) tentou dissuadir as mulheres de se aventurarem na filosofia, para não comprometerem seus atrativos naturais: "Meditação profunda e uma longa contemplação são nobres, porém difíceis, e não convêm a uma pessoa na qual os estímulos espontâneos não devem mostrar outra coisa que uma bela natureza" (Kant, 1993, p. 49). O lugar das mulheres no contratualismo moderno é mais como objetos do que como sujeitos de direito.

Locke (2005) supõe que os homens, com a sociedade civil, superam o estado de natureza e estabelecem as leis que vão organizar a propriedade privada. A convencionalidade dos laços pactuados no espaço público contrasta com a hierarquia natural vigente no âmbito doméstico, responsável pela subalternidade das(os) filhas(os) e da mulher — alegadamente de racionalidade inferior — ao pai de família. Há um elo umbilical entre a domesticação das mulheres, que transubstancia a cozinha no *habitat* natural feminino, e o capitalismo: "É preciso cozinhar os alimentos, lavar as roupas, arrumar as camas, cortar a lenha etc. O trabalho doméstico, portanto, é um elemento chave do processo de reprodução do trabalhador de quem se tira a mais-valia [...]" (Rubin, 2017, p. 14).

O trabalho doméstico não remunerado das mulheres não é um trabalho qualquer, e sim aquele sem o qual a força de trabalho não se refaz (Federici, 2017). Friedrich Engels (1820-1895) cogita que a sedentarização dos povos nômades, possibilitada pela agricultura, gerou uma produção excedente que foi o germe da propriedade privada. A família monogâmica patriarcal surge como meio para preservá-la numa mesma linhagem (Engels, 2019). Meillassoux (1981) situa o controle da sexualidade feminina pelos homens em um período anterior à titularidade privada de bens. Polêmicas à parte, claro está que o poder masculino disparou com a aparição da propriedade privada.

O falocentrismo é um exemplo cabal do uso social da biologia. Neste sistema de poder, no qual manda quem tem pênis, as mulheres são avaliadas como seres incompletos, portanto desempoderados, e o sexo é igualado à penetração (Mottier, 2008). Nas sociedades falocêntricas, há um liame estreito entre homofobia e sexismo. Desacatos como "viado" ou "mulherzinha" cobrem com o mesmo opróbrio aqueles a quem são dirigidos. Insultos como mostrar o dedo médio em riste sinalizam o quão vexatório é ser penetrado, mesmo que só imaginariamente. As admoestações contra o homossexual passivo demonstram o quanto ele põe em perigo as relações patriarcais de poder: "O macho quer se diferenciar da fêmea sendo o elemento ativo e, portanto, dominador. Ora, ele é macho (não-fêmea) *porque* não dá" (Trevisan, 2021, posições 243-244, grifo do autor).

Os homens homossexuais são duplamente odiados pelos homens heterossexuais, com raras exceções, por violarem tanto as expectativas sobre sexualidade quanto o papel de gênero que lhes é determinado (Lehavot; Lambert, 2007). As práticas falocêntricas variam de uma cultura para outra ou mesmo dentro de uma única cultura. Em contraposição aos modelos norte-americano e europeu, nos quais qualquer uma(um) que tiver relações sexuais com alguém de sexo biológico idêntico ao seu é considerada(o) homossexual (NUNAN, 2007), o sistema de gêneros brasileiro "[...] fala mais de 'masculinidade' e 'feminilidade', de 'atividade' e de 'passividade', de 'quem está por cima' e de 'quem está por baixo' do que sobre a heterossexualidade ou a homossexualidade [...]" (Fry; Macrae, 1985, p. 49).

O termo "masculinidade" é polissêmico e abrange desde as masculinidades subordinadas até a masculinidade hegemônica, que "[...] incorpora a forma mais honrada de ser um homem, ela exige que todos os outros homens se posicionem em relação a ela e legitima ideologicamente a subordinação global das mulheres aos homens" (Connell; Messerschmidt, 2013, p. 245). Para não deixarem qualquer dúvida de que são "homens de verdade", jovens e adultos são compelidos a adotarem comportamentos irresponsáveis e/ou impulsivos, o que diminui sua expectativa de vida, em comparação com as mulheres. De acordo com a Organização Pan-Americana da Saúde (Opas, 2019), 20% dos homens na

América morrem antes dos 50 anos, por causas como suicídio, violência interpessoal, drogadição e acidentes de trânsito, e é inconteste que a "masculinidade tóxica" é um fator coadjuvante nesses óbitos.

A necessidade invencível de afirmação viril é muito estressante para o homem e para todos aqueles à sua volta. Ele precisa obter dos outros a masculinidade que não encontra em si — e nem poderia encontrar, pois não se trata de algo natural. Essa procura tem findado em chagas sociais de difícil resolução, como o *bullying*, o feminicídio e a homofobia. A ultracompetitividade neoliberal valida a mais tóxica das masculinidades, relacionada a um *ethos* guerreiro, normalizador da violência. A absorção de parte dessa ética por muitas mulheres (Sandberg; Scovell, 2013) depõe contra o inatismo da masculinidade e da feminilidade.

A feminilização do capitalismo é um avanço duvidoso contra a exploração da classe trabalhadora. As mudanças emocionais — supervisão não coercitiva, aumento de autonomia, liberdade para conversar etc. — na vida coletiva da fábrica, aconselhadas por Mayo (2003), não são nada além de

> [...] uma atividade manipulativa das relações sociais, em que o fortalecimento dos laços afetivos entre os trabalhadores na indústria (ainda que isso revele de fato traços de uma humanização) é o meio para a realização dos fins do capital (Cunha; Guedes, 2017, p. 441).

Segundo Illouz (2008), Mayo usou um "método feminino", baseado na comunicação de emoções, para redefinir a masculinidade dentro do local de trabalho, redefinição essa que se ancora numa miscelânea entre os vocabulários emotivo e produtivo.

Tal transformação vernacular é superficial e enganadora. De nada adianta substituir "recursos humanos", "empregada(o)" e "chefe" por "time", "colaboradora(or)" e "facilitadora(or)" se não houver uma mudança substantiva nas condições de trabalho. E essas têm se precarizado cada vez mais, em decorrência das políticas de espoliação — desmonte da previdência social, investidas contra a legislação trabalhista, reduções salariais, enfraquecimento dos sindicatos etc. — que acompanham o alastramento do neoliberalismo (Braga, 2017). A luta contra o capitalismo compreende muito mais do que a alteração de nomenclaturas, tão a gosto do pós-modernismo. É um grave equívoco decodificar os problemas sociais das minorias sexuais numa chave unicamente cultural. Ao adicionar as questões materiais às suas reivindicações, o movimento LGBTQIA+ pode libertar não só as pessoas não heterossexuais, mas toda a sociedade.

Os representantes teóricos do neoliberalismo têm logrado êxito em incutir na mente das pessoas a ideia de que o consumo é a forma suprema de participação na vida social, o que fere de morte a cidadania. As experiências apresentadas como naturais são as performatizadas pelos grupos sociais hegemônicos, cuja dominação se dá às claras ou às ocultas. A exclusão não depende todo o tempo de ações violentas, ao menos não no sentido mais divulgado da palavra violência. Como é custoso ficar sempre em guarda, o domínio calcado na força acaba por ter um prazo de validade curto.

A dominação pode durar *ad aeternum* quando adquire uma compleição suave. O recurso mais utilizado nessa salvação das aparências é a educação, à força da qual inocula-se nas consciências o senso comum essencial à reprodução do capitalismo. Mas a escola é algo mais que um leito de Procusto, que a todas(os) deforma. Ela reproduz o que existe, mas também produz o que antes inexistia. É nas brechas da instituição escolar que as diferenças podem encontrar melhor asilo.

As diferenças são aquilo que nos é mais característico. Sem elas, sobra-nos uma morte em vida. A vida digna é a vida vivida com esperança. Não aquela espera passiva, promovida pelos mercadores da fé, de que todas as atribulações desaparecerão no mundo do além, mas a audácia que alia o sonho ao poder de realização: "Fazendo-se e refazendo-se no processo de fazer a história, como sujeitos e objetos, mulheres e homens, virando seres da inserção no mundo e não da pura adaptação ao mundo, terminaram por ter no *sonho* também um motor da história" (Freire, 2013, posições 97-98, grifo do autor). Com efeito, os sonhos embalam a vida. Falta entender por que o cotidiano de "minorias" que totalizam multidões mais parece um pesadelo.

Em seu último texto, escrito por ocasião do assassinato do índio Galdino, queimado vivo por cinco adolescentes enquanto dormia, num ponto de ônibus, em Brasília, Freire não só manifesta seu desgosto contra esse crime que epitomiza a catástrofe brasileira, como também consigna que a educação, mesmo não sendo nenhuma panaceia, pode assessorar na consagração dos valores civilizatórios: "Se a educação sozinha não transforma a sociedade, sem ela tampouco a sociedade muda" (Freire, 2000, p. 31). Para aferir as possibilidades dessa mudança, é válido analisar o que os membros da comunidade escolar dizem sobre a diversidade sexual.

ITINERÁRIOS DA PESQUISA

3.1 PSICOLOGIA SÓCIO-HISTÓRICA COMO BASE COMPREENSIVA DAS SIGNIFICAÇÕES ACERCA DA DIVERSIDADE SEXUAL NA EDUCAÇÃO

A matéria-prima da minha análise e interpretação foi a palavra com significado, via de acesso às significações que o sujeito confecciona em seu *tête-à-tête* com o mundo concreto. Se a palavra transmitisse sozinha todas essas significações, seria despiciendo qualquer labor interpretativo. Porém, com frequência, a palavra serve mais à ocultação do pensamento do que à revelação dele. Há pensamentos que permanecem inconfessáveis, porque, se exprimidos, mexeriam com arranjos de poder sobre os quais se edifica a ordem social. Nem mesmo esses pensamentos são passíveis de contenção absoluta, revelando-se em gestos, posturas, expressões faciais e movimentos dos olhos.

Na condição de animais simbólicos, "[...] cujo caráter distintivo é a criação e manipulação de signos — coisas que 'representam' ou 'substituem' outra coisa" (Mitchell, 1995, p. 11, tradução minha),[18] as pessoas sempre produzem significados. Seu silêncio pode dizer mais que qualquer palavra e deve ser interpretado conjuntamente com as informações verbais disponíveis. As palavras, ponto de entroncamento entre pensamento e fala, são importantes psicológica e semanticamente. Ao olhá-las mais detidamente, visa-se à análise do sujeito e não das construções narrativas. Desse modo, seu aclaramento não se exaure num inventário de declarações. Os significados das palavras advêm do contexto, que vai "[...] desde a narrativa do sujeito até as condições histórico-sociais que o constituem" (Aguiar; Ozella, 2006, p. 229-230).

Servimo-nos do procedimento metodológico dos Núcleos de Significação para captar esses significados, pela sua capacidade de desnudar "[...]

---

[18] No original: "[...] whose distinctive character is the creation and manipulation of signs — things that 'stand for' or 'take the place of' something else."

a riqueza das mediações que neles se ocultam e determinam sua relação de constituição mútua com os sentidos." (Aguiar; Soares; Machado, 2015, p. 61). Apoiada nos pressupostos teóricos estabelecidos pela psicologia sócio-histórica e pelo materialismo histórico e dialético, essa proposta pretende apanhar os sentidos e significados que as pessoas elaboram na sua inserção em uma dada realidade (econômica, social, política, cultural).

Os termos significado e sentido são impensáveis um sem o outro — ambos são produto de uma hermenêutica cotidiana e estabelecem entre si um condicionamento recíproco —, mas não têm a mesma significação. Significado vem de signo, ao qual Vigotski atribui um caráter humanizante. A linguagem é uma tessitura de signos que

> [...] habilita as crianças a providenciar instrumentos auxiliares na solução de tarefas difíceis, a superar a ação impulsiva, a planejar uma solução para um problema antes de sua execução e a controlar seu próprio comportamento (Vigotski, 2007, p. 17-18).

A gênese do pensamento verbal é histórico-cultural: à proporção que interage com os membros de sua cultura, a criança aprende a empregar a linguagem para pensar e comunicar-se com seus semelhantes.

Na perspectiva sociointeracionista, não é o pensamento que funda a linguagem, mas a linguagem que funda o pensamento: "O pensamento não é meramente expresso em palavras; ele passa a existir através delas" (Vygotsky, 2012, p. 231, tradução minha).[19] Os conteúdos psíquicos são tingidos indelevelmente pelo social. Sua externalização em palavras fornece preciosas pistas para compreensão da formação social atual e das possibilidades de transformá-la. Não pressuponho aqui a completa solubilidade do indivíduo no âmbito social, mas o reconhecimento da dialeticidade intrínseca existente entre o individual e o coletivo: "Cada produto ideológico carrega consigo a marca da individualidade do seu criador ou de seus criadores, mas essa marca é tão social quanto todas as demais particularidades e características dos fenômenos ideológicos" (Volóchinov, 2018, p. 129-130).

O significado é mais epidérmico que o sentido, que se situa, por sua vez, no imo da experiência humana. Além disso, o significado comporta uma estabilidade ausente no sentido:

---

[19] No original: "Thought is not merely expressed in words; it comes into existence through them."

> [...] em contextos diferentes a palavra muda facilmente de sentido. O significado, ao contrário, é um ponto imóvel e imutável que permanece estável em todas as mudanças de sentido da palavra em diferentes contextos (Vigotski, 2001, p. 465).

Lexicalmente, o significado das palavras é unívoco. A plenitude de seu sentido se conjuga ao contexto de sua utilização. O rigor da interpretação desanuvia as palavras, "[...] densas até o limite da opacidade" (Bosi, 2003, p. 461).

A acusação feita pelos pós-modernistas de que as teorias marxistas sofrem de um reducionismo econômico é inconsistente. O marxismo não nega a importância da língua — manifestação básica da cultura —, apenas se recusa a dissociá-la da totalidade das relações sociais próprias do sistema capitalista. Em seu uso corrente, as palavras não permanecem "em estado de dicionário" (Andrade, 2000, p. 13) e são prenhes de sentidos. O meio de publicizá-los é a abstração, que faculta o desbaratamento das falsas evidências carreadas pela experiência sensível e a captura do movimento do real. Os dados sozinhos não produzem teoria nenhuma e precisam passar pela leitura crítica para que se possa atingir uma cognição mais atilada do real (André, 2012).

A ciência de que a verdade dos fatos não está apenas no que é dito impele a buscar nas entrelinhas o não dito, a fim de compreender mais profundamente os sujeitos, formados pela fusão dialética entre objetividade e subjetividade ocorrida no contexto social. A subjetividade é tão somente uma dimensão do sujeito e afirmar o contrário é mergulhar num solipsismo que avista, nas disposições subjetivas do indivíduo, toda a realidade existente. Noutro giro, defender que homens e mulheres respondem como autômatos às condições objetivas em que se desenrola sua existência é negar a liberdade humana. Não há por que opor objetividade e subjetividade: um objeto fitado por mil pares de olhos continua a ser o mesmo objeto.

As posições extremadas são um embaraço à produção do conhecimento, em especial daquele referente aos indivíduos. Se esses fossem ideados apenas como entes físicos ou biológicos, qualquer discernimento sobre a sociedade seria inatingível. A posição da subjetividade como seu maior traço distintivo obsta a reivindicação de uma objetividade absoluta ao esquadrinhamento das questões humanas. Junto à materialidade corpórea, estão os valores e conhecimentos, melhor captáveis pela mirada compreensiva. Em momentos turbulentos — e o atual claramente é um deles — a compreensão sozinha é insuficiente e precisa ganhar uma orientação crítico-dialética, em que se entremeiam ação e reflexão.

O ponto de largada do método dialético materialista para o deslindamento da materialidade discursiva é a "[...] atividade prática objetiva do homem histórico" (Kosik, 2002, p. 39). A genialidade dessa metodologia consiste em partir da situação concreta em que os seres humanos se encontram para melhor entendê-la e, com essa compreensão alargada, transformá-la. Em vez de aderir a elucubrações impalpáveis, muito comuns na tradição filosófica ocidental, a teoria materialista trabalha com o contexto

> [...] da realidade, no qual os fatos existem originária e primordialmente, e o contexto da teoria, em que os fatos são, em um segundo tempo, mediatamente ordenados, depois de terem sido precedentemente arrancados do contexto originário do real (Kosik, 2002, p. 57).

O movimento pendular entre realidade e teoria se faz necessário porque a realidade não é autoevidente. Se o fosse, sua investigação seria dispensável (Marx, 2017). O senso comum é mais propenso a deixar-se levar pelas aparências, ao passo que a ciência sempre passa as percepções pelo crivo da reflexão. O cientista tenta enxergar, com os olhos do espírito, aquilo que é invisível à superfície. Nessa operação intelectiva, vale-se do pensamento conceitual, que lhe permite arrancar os fatos do contexto, considerando-os momentaneamente independentes. Apesar de fracionarem artificialmente a realidade, os conceitos robusteceram a agência humana e permitiram a transição da consciência ingênua para a consciência crítica (Pinto, 2020).

Para conhecer o concreto, "síntese de muitas determinações" (Marx, 2008, p. 258), é necessário evidenciá-las, o que demanda o envolvimento ativo do investigador, que tem "[...] de se apropriar da matéria [*Stoff*] em seus detalhes, analisar suas diferentes formas de desenvolvimento e rastrear seu nexo interno. Somente depois de consumado tal trabalho é que se pode expor adequadamente o movimento real" (Marx, 2013, posições 117-118). As temáticas da diversidade sexual e de gênero e a educacional convergem entre si no seu interesse pelo corpo — mediador da relação entre subjetividade e objetividade — e podem ser vistas sob um olhar amplo e filosófico ou estudadas a partir de situações concretas. A psicologia sócio-histórica combina essas perspectivas, tendo a totalidade como quadro referencial.

O individualismo metodológico proporciona, se tanto, um conhecimento parcial e fragmentário da realidade investigada: "A totalidade só pode ser determinada se o sujeito que a determina é ele mesmo uma totalidade; e se o sujeito deseja compreender a si mesmo, ele tem de pensar o objeto como totalidade" (Lukács, 2003, p. 107). As significações que analisei seriam de pouco interesse se fossem consideradas como fatos isolados. É só nas suas conexões com a realidade social que elas podem servir de gancho para uma visão mais penetrante sobre o objeto de estudo: o tratamento pedagógico dispensado à diversidade sexual e de gênero. Como as significações contidas nas falas dos entrevistados, não é demais repetir, são uma unidade entre objetividade e subjetividade, é pelo caminho analítico que se pode entender em que proporções a estrutura social e a agência individual participam de sua formação.

3.2 CAMINHOS METODOLÓGICOS

3.2.1 Considerações gerais

Os dados foram coletados no período de março de 2020 a novembro de 2021, em uma escola de ensino fundamental da Rede Estadual de Ensino de Rio Branco, selecionada aleatoriamente. Foi realizada uma reunião de grupo focal com cada um dos seguintes grupos: alunas(os) do nono ano do ensino fundamental, gestoras (diretora, coordenadora de ensino, supervisoras de ensino), professoras e técnicas(os)-administrativas(os), com duração média de uma hora e meia. A coleta de dados para a realização do estudo se iniciou a partir da aprovação do Comitê de Ética em Pesquisa, do Setor de Ciências da Saúde da UFPR, ocorrida em 27 de fevereiro de 2020. Decidi pela participação das(os) alunas(os) do 9.º ano devido ao fato de elas(es) se encontrarem no período mediano da adolescência, fase de desenvolvimento em que os temas relativos à sexualidade ganham importância crescente.

Instei os participantes a discutir sobre questões norteadoras como as seguintes: Se é legítimo nutrir diferentes expectativas em relação a homens e mulheres e por quê; Se as masculinidades e as feminilidades são construções culturais e por quê etc. Cada grupo focal contou com cinco participantes, com exceção do grupo de alunos, do qual participaram quatro discentes (uma mãe havia autorizado que a filha participasse, mas voltou atrás na véspera do encontro, alegando razões de foro religioso). A aptidão do tema a despertar uma ampla gama de questões levou-nos a formar grupos com um pequeno número de participantes. Grupos maiores dificultariam a participação efetiva de todas(os).

Os grupos focais foram gravados (mediante autorização) e as falas foram transcritas para serem analisadas, conforme os lineamentos dos Núcleos de Significação. Foram garantidos o sigilo e o anonimato de todas(os) as(os) participantes. Para especificação das falas, utilizei-as letras "G" para as gestoras, "D" para as docentes, "A" para as(os) alunas(os), "T" para as(os) técnicas(os)-administrativas(os) e "P" para o pesquisador, bem como números cardinais em ordem crescente (1, 2, 3, e 4), indicativos da ordem em que se manifestaram pela primeira vez durante a coleta de dados.

Indiquei o sexo das(os) entrevistadas(os) com a adição de "F" (feminino) e "M" (masculino) ao lado da inicial identificadora de cada grupo, exceto no caso dos grupos com as gestoras e professoras, formados exclusivamente por mulheres. Achei oportuno especificar as funções dessas profissionais, pelo peso que elas têm na condução das discussões sobre a diversidade sexual na escola: D1 – professora de Língua Portuguesa nos sétimos, oitavos e nonos anos; D2 – professora de Artes e Religião em todas as turmas; D3 – professora de Espanhol nas turmas do fundamental II; D4 – professora de Ciências nos nonos anos; G1 – diretora; G2 – coordenadora de ensino; G3, G4 e G5 – supervisoras.

A participação das(os) estudantes foi permitida pelas(os) responsáveis legais, que assinaram Termo de Consentimento Livre e Esclarecido (TCLE), documento também subscrito pelos membros maiores de 18 anos da comunidade escolar (professoras, gestoras e técnicas[os]-administrativas[os]). As(os) estudantes participantes assinaram Termo de Assentimento Livre e Esclarecido (Tale). Os termos foram lidos e explicados pessoalmente pelo pesquisador. Uma via ficou com a(o) participante. Quando as(os) estudantes aquiesceram em participar do estudo, elas(es) ainda cursavam o 9.º ano do Ensino Fundamental. Em razão da pandemia de Covid-19, que se intensificou no Brasil em março de 2020, seu grupo focal foi realizado em maio de 2021, quando haviam recém-ingressado no Ensino Médio. As experiências reportadas ocorreram na escola anterior.

O benefício direto foi a possibilidade de dialogar sobre a temática gênero e diversidade sexual, ainda insuficientemente discutida no ambiente escolar. O benefício indireto do estudo foi ajudar a promover uma cultura de respeito à diversidade sexual no âmbito escolar. Especificamente aos estudantes adolescentes, o benefício direto foi a atenuação do *bullying* escolar decorrente da homofobia. Entre os riscos, elencam-se o cansaço gerado pela participação no grupo focal e o desconforto em falar sobre algumas questões levantadas. Pode ter ocorrido a revivificação de sentimentos traumáticos em indivíduos fragilizados por *bullying* relativo às discriminações por gênero, identidade de gênero e orientação sexual ou outro motivo. Os participantes foram informados que poderiam desistir da participação, a qualquer momento, sem nenhum ônus.

A transcrição dos áudios e vídeos dos grupos focais foi uma tarefa longa e penosa. Tive de ouvir o material várias vezes para registrar dados menos explícitos, como as hesitações e as pausas significativas dos entrevistados. Os dois primeiros grupos focais (das gestoras e das[os] técnicas[os]-administrativas[os]) foram realizados presencialmente, e os dois últimos (das docentes e das[os] alunas[os]), via Google Meet, em virtude da pandemia. A grande vantagem dos contatos presenciais foi a comunicação mais clara entre o pesquisador e os sujeitos de pesquisa. Todavia, a decupagem das videochamadas foi bem mais fácil, porque identifiquei mais rapidamente quem estava falando a cada momento e os entrevistados ficaram menos propensos a falar ao mesmo tempo.

Com a abordagem qualitativa, de natureza etnográfica, quis compreender os significados que os membros da escola eleita para pesquisa atribuem à diversidade sexual. Por conviverem há um tempo considerável, os atores mencionados desenvolveram formas padronizadas e estáveis de comportamento, suscetíveis de registro e de estudo. Os grupos focais — "[...] sessões grupais de discussão, centralizando um tópico específico a ser debatido entre os participantes" (RESSEL *et al.*, 2008, p. 779) — foram um instrumento privilegiado para contatar a cultura — "[...] valores, experiências, crenças, formas de comunicação e de interação" (Souza, 2020, p. 55) — partilhada pelos membros da comunidade escolar.

Referida modalidade de coleta de dados presta-se perfeitamente aos fins da pesquisa qualitativa, pois nela os processos são observados "[...] sem invadir, alterar ou impor um ponto de vista externo, mas da maneira como são percebidos pelos atores do sistema social" (Sampieri;

Collado; Lucio, 2013, p. 35). Uma preocupação que nos acompanhou em todas as etapas da pesquisa foi a de não proferir juízos de valor sobre os valores dos participantes. Embora tenha uma posição bem definida quanto ao tema de estudo, meu objetivo não foi proselitista, e sim o de me embrenhar na realidade subjetiva dos atores estudados para entender, a partir de seu ponto de vista, a valoração da diversidade sexual do conjunto da sociedade.

Da mesma forma que as escolas, sem prejuízo de sua integração a um contexto cultural mais abrangente, têm uma cultura interna própria, caracterizada pelo compartilhamento de quadros de referência específicos (Nóvoa, 1995), os subgrupos dentro da comunidade escolar também comungam de valores só seus. É para cotejar os valores dessas subculturas que me reuni em separado com gestoras, docentes, alunas(os) e técnicas(os)-administrativas(os). Os dados coletados comprovaram que estava certo em minha intuição: apesar de coabitarem em um mesmo espaço físico, os membros da comunidade escolar vivem em espaços simbólicos um tanto distintos, demarcados pelos papéis que assumem.

A realização de grupos focais com diferentes segmentos da comunidade escolar também foi uma oportunidade de escoimar as previsíveis imperfeições que surgiriam da utilização de uma única fonte de dados, funcionando como um procedimento de triangulação,

> [...] que combina diferentes métodos de coleta de dados, distintas populações (ou amostras), diferentes perspectivas teóricas e diferentes momentos no tempo, para consolidar suas conclusões a respeito do fenômeno que está sendo investigado"(Feuerschütte; Zappellini, 2015, p. 241).

As(os) técnicas(os)-administrativas(os), por exemplo, informaram nunca ter presenciado um episódio de homofobia entre as(os) alunas(os), apesar de algumas(ns) delas(es) já trabalharem há muitos anos na escola.

Quando insisti com a secretária da escola (TF2), que trabalha há 26 anos na instituição, se ela não se lembrava de algum incidente homofóbico, sua resposta foi francamente evasiva:

> P: Vocês já presenciaram ou vivenciaram experiências discriminatórias, preconceituosas ou segregatórias... no que diz respeito à diversidade sexual?

> TM1: Como eu estava falando, quando eu trabalhava no transporte coletivo...

P: Não, aqui na escola...

TM1: A nossa escola, ela é uma escola que... graças a Deus o respeito é bem bacana entre eles lá. Tem o conflito entre os alunos, mas esse tipo de coisa eu nunca presenciei... pelo menos eu nunca vi.

P: Já alguém falou assim... "ah, sua bicha" e tal? Pode falar gente...

TM1: Tinha até umas meninas aí que andavam se beijando e tal por aí... fazia aquela algazarra assim, mas...

TM2: Passageiro, né.

TF1: É... eu estou aqui tem dois anos, e eu sou bem observadora dessa área... e eu acho que a gente nunca teve porque exatamente assim... quem é, é enrustido. Entende? Não tem ninguém aqui que ele se sinta... respaldado o bastante para se assumir. Então por isso que não tem. Enquanto eu estou na postura externa do que se é esperado de mim... eu não vou sofrer preconceito. Só vou quando eu for assumir.

P: TF2? Vai ser você, porque os anos que você está na escola... 26 anos... você nunca viu?

TF2: Não!

TF1: Não?? Durante os 26 anos tu nunca viu nenhum caso?

TF2: É por que eu sou ruim de memória mesmo...

Talvez por terem o dever objetivo de cuidado em relação às(aos) alunas(os) matriculadas(os) na instituição, elas(es) ficaram receosas(os) em confessar que o ambiente escolar é cheio de riscos para quem é rotulado como diferente, como admitiram os demais participantes da pesquisa. Foi no grupo focal com as(os) técnicas(os)-administrativas(os) que detectei a maior resistência ao debate escolar sobre a diversidade sexual. Logo no começo da sessão, fui indagado peremptoriamente sobre o porquê da realização da pesquisa com discentes matriculadas(os) no nono ano, e interrompido quando ensaiava uma resposta:

TF1: Por que você escolheu especificamente o nono ano?

P: Por quê são adolescentes, estão numa fase de transição. Eles não são nem muitos novos e já...

> *TF1: Porque no geral, eu acho que isso acontece muito mais no primeiro do médio. Sabe, porque exatamente ali... 15 anos! Vem toda a questão da adolescência como também a questão da afirmação... é que esse tema tem muito a ver comigo, o meu neto é trans: Nasceu E., mas é N. Então assim, por toda a minha convivência, né, assim, eu vejo que o primeiro ano do médio é que é muito mais impactante.*

A diversidade sexual deveria ser um assunto como outro qualquer, mas descobri por experiência própria que não é bem assim. Durante o doutorado, ao comentar sobre minha pesquisa, quase ninguém se mostrou curioso pelos achados de campo, mas todas(os) questionaram as minhas motivações, muitas vezes em tom de deboche. Experimentei na pele o estigma que paira sobre as pessoas não heterossexuais, confirmando que pesam sobre os pesquisadores interessados na sexualidade "[...] uma contínua desconfiança e suspeita e, consequentemente, um descrédito 'científico'" (Barreto, 2017, p. 280). Essa repulsa é um argumento a mais para a multiplicação de estudos sobre a sexualidade.

Se as diferenças sexuais incomodam, é porque "[...] há tempos consideramos o sujeito uno e consolidado: aprendemos a pensar a unicidade e não a diversidade" (Salgueiro, 2016, p. 73). A homogeneização de subjetividades foi uma necessidade do capitalismo. Quando predominava a produção em série taylorista-fordista, marcada pela fabricação, com apreciável rigidez, de elevadas quantidades de produtos similares, de baixo custo unitário, o ideal educativo era o da especialização fragmentada. Agora, sob a égide do toyotismo, a flexibilização empresarial altera os padrões de acumulação capitalista e, por conseguinte, a própria subjetividade das(os) trabalhadoras(es) (Antunes, 2019). É por isso que, à primeira vista, as empresas se preocupam mais com a diversidade e o restante da sociedade trata as diferenças com menos estranheza do que antigamente.

Das muitas ressalvas que poderiam ser feitas à política neoliberal de diversificação, contentamo-nos com duas: em primeiro lugar, o capitalismo hodierno é tão padronizante quanto suas versões pretéritas, porque incita "[...] um processo de homogeneização social motivado pela concretização dos desejos de diferenciação através do consumo" (Fagundez, 2018, p. 60). Em segundo lugar, como o desenvolvimento capitalista é, por definição, desigual, vê-se ilhas de excelência tecnológica em meio a bastiões de pobreza, caracterizados pelo uso de técnicas produtivas rudimentares e pela mão-de-obra desqualificada. Nesses últimos locais, as afrontas à diversidade são bem maiores, e nada indica que isso vá mudar tão cedo, porque a divisão internacional do trabalho impõe o subdesenvolvimento a essas áreas (Fernandes, 1975).

Assim, tenho severas dúvidas sobre a viabilidade da "pedagogia *queer*" (Dinis, 2014) em locais carentes como o Estado do Acre, cuja economia está entre as três piores do país, com apenas 0,2% de participação no Produto Interno Bruto (PIB) nacional (Carioca, 2016). A insegurança material propende as pessoas a buscar na religião o lenitivo para os seus tormentos. Entre 2000 e 2010, a porcentagem estadual de evangélicos passou de 23,3% para 39,8%. Rio Branco, cidade onde está situada a escola escolhida para o estudo, é a capital brasileira em que mais rapidamente sobreveio a mudança de hegemonia entre católicos e evangélicos, tendência constatada em todo o país (Alves, 2017). A despeito da grande variedade de doutrinas e de denominações na religião evangélica, não é exagerado afirmar que essa confissão religiosa notabiliza-se por um apertado controle da vida sexual dos fiéis.

Entre as(os) profissionais e discentes da escola estudada, é marcante a presença do discurso evangélico. A prevalência de valores sexuais conservadores no universo escolar implica com razoável grau de certeza na ruína profissional das/dos docentes que se revelam homossexuais, pelo medo de que elas/eles influenciem deleteriamente a geração seguinte (Batalha, 2013). Pela mesma razão, quem se habilita a estudar a diversidade sexual no ensino fundamental não costuma angariar muita simpatia. Não realizei o grupo focal com os pais das/dos alunas/alunos, como queria inicialmente. A coordenadora de ensino fez vários convites aos pais pelo WhatsApp, mas sempre surgiam eventualidades que inviabilizavam o encontro. É certo que a pandemia atrapalhou minha pesquisa e tive de concluir os grupos focais à distância.

A clientela da escola é de baixa renda e muitos pais não têm familiaridade com as tecnologias de informação e comunicação ou sequer possuem computadores em casa. Também se deve considerar que a maioria delas(es) trabalha e não conseguiu reservar tempo para participar do grupo focal. Porém, o mais provável é que se esteja diante de uma daquelas situações de silêncio eloquente, dado que uma informação recorrente em todos os grupos focais é de que o nó górdio para maior discussão no ambiente escolar sobre a diversidade sexual é a resistência das famílias ao assunto. Furlanetto, Marin e Gonçalves (2019) relatam que as conversas na família sobre sexualidade limitam-se o mais das vezes a informações pontuais, repassadas em tom ameaçador, sobre gravidezes não desejadas e cuidados contra infecções sexualmente transmissíveis.

Muitos familiares delegam a função de orientação sobre tópicos sexuais à escola, "[...] que também pode não dispor de estratégias pedagógicas adequadas ou disposição para lidar cientificamente com tais temas" (Orlandi *et al.*, 2019, [n.p.]). É inexplicável a reticência de alguns pais e docentes ao encaminhamento pedagógico da diversidade sexual, já que as(os) educandas(os) falam do assunto com bem mais espontaneidade (Zanatta *et al.*, 2016). Espontaneidade, porém, não é o mesmo que acuidade. Sem direcionamento, as(os) jovens são prontamente cooptados pela cantilena de que devem adequar seus perfis aos imperativos neoliberais, que deságuam na desresponsabilização do Estado para com os indivíduos, reduzidos à condição de "empresários de si mesmos" (Han, 2017, p. 22). As crianças e as(os) adolescentes são as(os) primeiras(os) a sofrer as sequelas da opressão/exploração capitalista patriarcal. A fórmula para protegê-las(os) é a educação.

O potencial explosivo de determinados assuntos não é justificativa para que se furte a discuti-los. É a escassez do debate que dá sobrevida aos preconceitos escolares. É preciso inventividade para dar cabo à conversão da humanidade trabalhadora em "fator de produção", a qual, mesmo com todo o requinte tecnológico, embota a criticidade das(os) trabalhadoras(es) (Braverman, 1998). O sistema teórico marxista pode ser bastante enriquecido com a agregação das pontuações atinentes à diversidade sexual, por ter a emancipação humana como finalidade última. E não há como imaginar uma liberdade sexual duradoura sem uma educação socialista, voltada à humanização dos indivíduos e à socialização irrestrita do saber historicamente acumulado.

3.2.2 Religião e controle da sexualidade

A diversidade sexual reúne todas as características de uma questão sensível, que é aquela

> [...] onde valores e interesses se chocam, uma questão às vezes carregada de emoções, muitas vezes politicamente sensível, intelectualmente complexa, e cujos desafios são

> importantes para o presente e o futuro comum (Tutiaux-
> -Guillon, 2006, p. 119, tradução minha).[20]

A gestão escolar democrática pode evitar os conflitos causados pela alusão a questões sensíveis, por meio da elucidação sobre a sua pertinência. Entre as visões sobre a função da escola, umas acentuam o mundo do trabalho, outras a transmissão de conhecimentos e há as que zelam pela dimensão política da práxis educativa (Gracindo, 2007). Essas últimas, fundamentais para a formação da cidadania, não excluem as restantes. A concepção pedagógica preponderante em cada momento histórico depende da correlação de forças políticas.

Propostas como o Projeto de Lei Escola sem Partido (PL n.º 7180/2014), que visa incluir no artigo 3.º da Lei de Diretrizes e Bases da Educação (LDB) o princípio de respeito às convicções dos alunos e de seus responsáveis (Brasil, 2014), servem para acuar as minorias sexuais e conservar a imobilidade do *status quo*. Foram apensados a ele vários outros projetos adversos à "ideologia de gênero", forma pejorativa de nomear os estudos de gênero. A iniciativa parlamentar invoca como base jurídica o Art. 12, inciso 4, do Pacto de San José da Costa Rica, que dispõe: "Os pais, e quando for o caso os tutores, têm direito a que seus filhos ou pupilos recebam a educação religiosa e moral que esteja acorde com suas próprias convicções" (Organização Dos Estados Americanos, 1969, [n.p.]).

A interpretação fundamentalista desse dispositivo legal distorce seu sentido, que é o de preservar a laicidade. Não se espera que a escola suplante os familiares no aconselhamento e orientação dos jovens, e muito menos que ela se desobrigue de seu compromisso de semear o pensamento crítico e o respeito à dignidade humana (Pedreira; Moura, 2021). O Estado laico é um dos rebentos do processo de secularização da sociedade moderna, mediante o qual as postulações religiosas deixaram de ser o critério último da organização social. A laicidade não é antagônica à religião, mas ao dogmatismo. Toda vez que uma pessoa LGBTQIA+ é humilhada por motivos religiosos, o princípio da laicidade é corroído um pouco. Se nenhuma providência é tomada, a sociedade fica mais perto de mergulhar no autoritarismo.

---

[20] No original: "[...] où s'affrontent des valeurs et des intérêts, une question parfois chargée d'émotions, souvent politiquement sensible, intellectuellement complexe, et dont les enjeux sont importants pour le présent et l'avenir commun."

Uma sociedade emancipada preza pela diversidade cultural e espiritual dos seres humanos. A propensão entre os evangélicos mais conservadores a considerar que o modo como experienciam sua sexualidade é o único que agrada a Deus "[...] pode revestir as identidades LGBT de um caráter ameaçador para estes religiosos, por colocar em questão a universalidade dos valores que sustentam" (Natividade; Oliveira, 2009, p. 156). A instrumentalização dessa "ameaça" por alguns grupos políticos brasileiros provocou um surto de pânico moral, conceito que remete à aflição de que há algum mal nos arredores da sociedade.

É insensato desdenhar do pânico moral, porque ele "[...] pode produzir mudanças na legislação e nas políticas sociais ou ainda na forma como a sociedade se concebe" (Cohen, 2011, p. 1, tradução minha).[21] A inflexão conservadora não se confina ao Brasil: no Peru, o coletivo *"Con mis hijos no te metas"* provoca grande alarido em torno da ideia de que a família heteroparental está sob o cerco da "ideologia de gênero" (Meneses, 2019). A crença milenar de que as crianças são propriedade de seus pais refreia seu tratamento como seres autônomos, particularmente no que toca à sexualidade. É preciso desafiá-la para que as pessoas LGBTQIA+ sejam livres na mais ampla acepção do termo.

Na cultura cristã ocidental, a finalidade do ato sexual é rigorosamente procriativa e qualquer prática que se afaste desse modelo familiar e reprodutivo é enquadrada como pecado. A presunção de fundo é que o sexo afasta os seres humanos de sua essência divina. O sexo se relaciona com a corporeidade, que evoca

> [...] carência (necessidade de outra coisa para sobreviver), desejo (necessidade de outrem para viver), limite (percepção de obstáculos) e mortalidade (pois nascer significa que não se é eterno, é ter começo e fim) (Chauí, 1991, p. 86).

A vizinhança entre o sexo e a finitude explica alguns dos tabus em relação à sexualidade, mas não explica todos.

As razões mais profundas dos interditos sexuais devem ser procuradas na economia. O modo de produção e troca peculiar a cada época histórica faz-se acompanhar de uma moralidade sexual própria, voltada aos seus objetivos. O protestantismo, ao evoluir paralelamente com o

---

[21] No original: "[...] might produce such changes as those in legal and social policy or even in the way the society conceives itself."

capitalismo, "[...] desenvolveu dispositivos mais eficazes de controle da conduta sexual, que penetraram de fato nas relações íntimas, asseguraram a internalização do código moral e interferiram no comportamento afetivo dos fiéis" (Dantas, 2010, p. 54). Com a derrocada do capitalismo, virão à luz expressões mais potentes de sexualidade e de espiritualidade, posto que a religião, como vem sendo majoritariamente praticada, "[...] é apenas o sol ilusório que gira em volta do homem enquanto ele não gira em torno de si mesmo" (Marx, 2010, p. 146).

3.2.3 Recortes analíticos

O *corpus* da pesquisa foi passado em revista várias vezes, para que pudesse melhor me apropriar de seu conteúdo. Nessas muitas leituras, selecionei os pré-indicadores, tendo como critério-guia o seu grau de aderência com meu objeto de estudo. Os pré-indicadores são excertos de falas formados por uma articulação de palavras portadora de sentido(s) que dão acesso à materialidade, "[...] no caso, as significações dos sujeitos substancializadas nos signos, ou seja, nas palavras com significado" (Aguiar; Aranha; Soares, 2021, p. 6). Desconsiderei os trechos discursivos desassociados da discussão sobre diversidade sexual e de gênero (não foram muitos, porque o roteiro de grupo focal ajudou a manter o encontro dentro do rumo planejado).

Nessa garimpagem inicial, colhi um grande número de pré-indicadores (marcados em negrito no material transcrito), que agrupei em seguida em indicadores. A construção dos pré-indicadores foi meu primeiro acercamento com as questões mais palpitantes para os sujeitos. Quanto mais os entrevistados repetiam ou frisavam determinados pontos, maior era a minha consciência de estava diante de conteúdos de interesse. Adjetivos e advérbios apontaram, em geral, para os pré-indicadores. Também foram muito úteis nessa seleção as anotações feitas durante a realização dos grupos focais das informações não verbais expressas pelas(os) participantes em suas linguagens corporais e entonações, sinalizadoras de uma carga emocional epistemologicamente relevante.

A psicologia sócio-histórica aquilata a emoção como medular à subjetividade individual, reputada, por seu turno, como "[...] uma integração de processos simbólicos e emoções formando novas unidades qualitativas como sentidos subjetivos" (Dreier, 2019, p. vii). Ter as falas das(os) participantes como simples narrativas é curvar-se a um relativismo que bloqueia a apreensão global desses sujeitos. Para explicá-las, é preciso vê-las como uma obra do ser social, que se objetiva através do trabalho e para o qual a realidade "[...] configura-se como o complexo em movimento das determinações naturais e sociais (exatamente as objetivações acumuladas e em processo) que envolvem e constituem o agir social, teleológico [...]" (Paulo Netto, 2002, p. 90). As significações não são fixas, dada a mutabilidade histórica dos sujeitos que as objetivam.

Nem toda a objetivação é material. Os seres humanos, na reprodução de sua existência, mediada pelo trabalho, precisam agir cooperativamente, e para tanto desenvolvem outras objetivações, de teor espiritual, "[...] que tornam possível o reconhecimento dos homens entre si, como seres de uma mesma espécie, que partilham uma mesma atividade e dependem uns dos outros para realizar determinadas finalidades" (Barroco, 2009, p. 4). O "mundo das riquezas reais" (Marx, 2011, posição 239) é o somatório das objetivações genéricas — materiais e espirituais — compostas pela humanidade. Na ordem capitalista, esse legado não é acessível a todas(os), seja porque as(os) trabalhadoras(es) assalariadas(os) recebem menos do que produzem e não controlam a produção, seja porque lhes é destinada uma educação amesquinhada, moldada ao prosseguimento dessa usurpação.

O principal critério de aglutinação dos pré-indicadores foi a similaridade entre eles — semelhante atrai semelhante —, mas também fiz uso da complementaridade e da contraposição (Lima, 2020). Nesse afunilamento, cheguei a 167 indicadores (48 para o grupo das gestoras, 45 para o das docentes, 39 para o das[os] técnicas[os] administrativas[os] e 35 para o das[os] alunas[os]). Na constituição dos indicadores, tentei realizar uma síntese dos pré-indicadores, a fim de evidenciar e organizar de forma mais sistematizada os sentidos revelados pelos membros da comunidade escolar. Avancei então para "[...] apreensão dos nexos entre as particularidades historicamente constituídas dos sujeitos" (Aguiar; Aranha; Soares, 2021, p. 7). Para elaboração de quadros de pré-indicadores, indicadores, núcleos de significação e internúcleos — disponibilizados na íntegra nos apêndices — utilizei a metodologia sugerida por Silva (2017).

Organizei os pré-indicadores num quadro no sentido vertical e os aglutinei para a formação dos indicadores, tomando por base os critérios apresentados no parágrafo anterior. Posicionei os indicadores no mesmo quadro à direita, para consolidar os significados e me achegar às zonas de sentido. No intuito de organizar os indicadores em núcleos de significação, elaborei um segundo quadro, no qual a coluna da direita (indicadores) passou a ser a coluna da esquerda, empregando o método usado no quadro antecedente, com a diferença de que os núcleos de significação puderam ser gerados a partir de indicadores que não se encontravam próximos uns dos outros. Nessa altura, atingi 15 núcleos de significação: quatro no grupo das gestoras, quatro no das docentes, quatro no das(os) discentes e três no das(os) técnicas(os) administrativas(os).

Pretendia no início analisar isoladamente as significações produzidas em cada grupo focal. Porém, como a maioria dos pontos levantados se repetia nas diferentes sessões grupais de discussão, resolvi elaborar um terceiro quadro, em que os núcleos de significação oriundos dos diferentes segmentos da comunidade escolar foram posicionados à esquerda e aglutinados, pelos mesmos critérios anteriores, em internúcleos, dispostos à direita. Formulei quatro internúcleos: 1) Falta de preparação dos professores para lidar com a diversidade sexual e de gênero; 2) Abertura à diversidade sexual e de gênero no ambiente escolar; 3) Rejeição à diversidade sexual e de gênero no ambiente escolar e 4) Influência do macroambiente cultural no enjeitamento à diversidade sexual e de gênero no ambiente escolar.

Depois de todo esse trabalho, que já demandou um esforço analítico vultoso, contei com uma base de dados organizada para começar a análise propriamente dita e me aproximar ao máximo dos sentidos atribuídos à diversidade sexual e de gênero no tecido escolar, relacionando as significações objetivadas pelos sujeitos de pesquisa de forma a alcançar um entendimento mais panorâmico de suas cosmovisões. O quadro a seguir demonstra como constituí um indicador partindo de pré-indicadores:

Quadro 1 – Articulação entre pré-indicadores e indicador: tensão entre os valores do professor e seu compromisso com suas/seus alunas(os), com os padrões da escola em que leciona, com o currículo e com a legislação da educação em geral

Pré-indicadores	Indicador
G1: *A gente tem a **G3, que é uma pessoa que é evangélica, mas que consegue conciliar a parte evangélica com a parte profissional dela.** Não deixa uma coisa sobressair a outra.... Porque **como educadora ela sabe do papel dela. Que não é de forma nenhuma excluir ninguém.** Respeitar os que não tem a mesma religião que ela. Mas a gente **tem também professoras que são extremamente radicais em seus posicionamentos e fazem abordagens desastrosas. "Menino, tu é homem, tu não vai brincar de boneca".** Então assim, é todo um contexto, que também, querendo ou não, a gente traz para dentro da sala de aula... as nossas ideias. **E como traz... e como os nossos pensamentos, toda a nossa composição, é formação que a gente tenha ao longo dos anos.*** G2: *Em 2009, 2010 mais ou menos, nós tivemos um problema muito sério aqui na nossa escola... que um professor de matemática disse para uma mãe que também é educadora, **"teu filho está tirando nota muito baixa, tu sabe que ele é gay?". A mulher surtou! Ela surtou pela informação dada no coletivo,** porque o professor levou em consideração que o menino estava tirando nota baixa em matemática porque era gay, e porque a família não sabia!* G1: *Então assim... são vários... **o despreparo! A questão da nossa carga que a gente vem, das nossas convicções...** a questão familiar também, então o problema, muitas vezes, não é educar para isso nossos alunos... tem contratempos que a gente tem que enfrentar para que isso seja realmente efetivado.* G2: *O professor de ciências ele tinha 50 anos, ano passado, era o professor que justamente trabalhava todas essas questões. Inclusive o oitavo ano, DST, camisinha, não sei o quê, o que é que eu faço? Eu pego, dou uma passada superficial, porque tenho 50 anos, sou evangélico ao extremo, e eu **não vou estar falando imoralidades com a minha turma.***	Tensão entre os valores do(a) professor(a) e seu compromisso com suas/seus alunas(os), com os padrões da escola em que leciona, com o currículo e com a legislação da educação em geral.

Fonte: elaborado por Lani de Abreu, 2022

Na formulação do indicador, aproveitei as falas das diferentes profissionais da equipe gestora da escola. Embora ocupem posições hierárquicas distintas na estrutura organizacional, elas produzem

> [...] significações se afetam, se reorganizam, constituindo-se mutuamente, o que contribuiu para aprofundar o entendimento daquele contexto, suas contradições e possibilidades (Aguiar; Aranha; Soares, 2021, p. 8).

A denominação "Tensão entre os valores do(a) professor(a) e seu compromisso com suas/seus alunas(os), com os padrões da escola em que leciona, com o currículo e com a legislação da educação em geral" compendia os pré-indicadores que compõem o indicador.

Seria uma temeridade considerar um conjunto limitado de pré-indicadores como a expressão da totalidade de significações mantidas pelos sujeitos. A postura das/dos professoras(es) no ambiente escolar mimetiza as contradições observadas no meio cultural mais amplo, em que pareceres retrógrados e agressivos quanto à sexualidade convivem com disposições teóricas, jurídicas e morais que abraçam a liberdade sexual. A continuidade dos preconceitos contra a diversidade sexual não decorre da mera falta de informações, que têm sido consideravelmente ventiladas pela mídia, pela academia e pelo movimento LGBTQIA+, mas da utilidade dessas pré-concepções aos anseios neoliberais, como especificarei adiante.

4

POSICIONAMENTOS DAS(OS) DOCENTES SOBRE A DIVERSIDADE SEXUAL

O internúcleo "falta de preparação dos professores para lidar com a diversidade sexual e de gênero" reuniu três núcleos de significação, advindos dos grupos focais realizados com as gestoras e as docentes. Embora as alunas(os) e técnicas(os) tenham externalizado pontualmente preocupações sobre a necessidade de maior preparação das(os) docentes para abordagem da diversidade sexual em sala de aula, foram as próprias docentes e gestoras que esboçaram mais essa inquietação, diretamente relacionada com o domínio de seu ofício profissional. Em torno deste internúcleo, giram indagações como as seguintes: como efetivar essa preparação? Que conteúdos as(os) professoras(es) devem dominar para estarem preparadas(os)? Qual é o significado de estar preparada(o)? A resposta a elas gera rebatimentos em todo o corpo social, pelo fato de a formação docente estar entrelaçada com a formação humana (Seki; Souza; Evangelista, 2019).

Meu escopo não é o de explorar em detalhe os saberes que fundam a prática docente, questão já pesquisada com grande propriedade por autores como Tardif (2012), Perrenoud (2000) e Freire (2015), mas sim o de problematizar por que a diversidade sexual não é tratada com a mesma dignidade epistemológica conferida a outros temas, diligência inafastável para que a escola seja um espaço onde não caiba qualquer atitude discriminatória. A diversidade sexual pode ser dissecada sob diversos recortes teóricos, que se comunicam e se combinam: construção de masculinidades e feminilidades, igualdade, diferença, heteronormatividade, reflexão sobre direitos, questionamento *queer* sobre a categoria "gênero", dentre vários outros. A escolha de um ou mais deles depende da visão que se tenha do currículo, termo que congrega as discussões, com ênfase variável,

> [...] sobre os conhecimentos escolares, sobre os procedimentos e as relações sociais que conformam o cenário em que os conhecimentos se ensinam e se aprendem, sobre as transformações que desejamos efetuar nos alunos e

alunas, sobre os valores que desejamos inculcar e sobre as identidades que pretendemos construir (Moreira; Candau, 2007, p. 18).

No grupo focal das docentes, predominou uma concepção engessada do currículo, como se esse fosse um pacote de conteúdos prontos para serem despejados nas(os) alunas(os):

> *D5: [...] o currículo ele vem fechado. E a sexualidade é um tema trabalhado em sexto e sétimo ano com bastante ênfase. Oitavo e nono, o currículo, qualquer coisa que você possa sugerir de forma diferenciada que saia do currículo, a gente trabalha como tema transversal. E nesse... sexualidade, ela aparece um pouquinho na disciplina de ciências, e quando ela aparece, chove de situações para a gente poder resolver. Então, como o currículo vem fechado, a forma que a escola trabalha, a forma que eu acho que quase todas as escolas da rede, é através de tema transversal. Semana da gravidez na adolescência, doenças sexualmente transmissíveis...*

> *D3: [...] tem a questão do currículo né, que às vezes a gente já fica amarrado com muitas coisas [...].*

O currículo não gravita acima das discussões travadas na esfera pública sobre como as minorias devem ser protegidas. Aquilo que o constitui "[...] é o resultado de um processo que reflete os interesses particulares de classes e grupos dominantes." (Figueiredo; Orrillo, 2020, p. 7). A "chuva de situações" mencionada pela docente D5 tem relação com a revolta de alguns pais com algumas questões levantadas em sala de aula. Se esses familiares não podem ser ignorados, já que não se espera que a escola assuma as suas funções, também não se pode ignorar as requisições de movimentos sociais como o das mulheres, dos negros e das pessoas LGBTQIA+ "[...] por currículos de formação e de educação básica mais afirmativos dessas identidades coletivas" (Arroyo, 2013, p. 11). No grupo focal, as(os) alunas(os) mostraram-se sequiosos em conhecer todos os lados da história:

> *AM2: [...] um conteúdo que eu gostaria de ver seria... que eu acharia interessante de ver, porque até hoje eu fico surpreso quando eu vejo isso, seriam figuras importantes na história que são homossexuais, que são transgêneros, ou coisas parecidas. Eu acharia muito interessante a adição desse conteúdo, pois existem muitas pessoas que foram importantes, que são homossexuais, ou lésbicas, ou qualquer coisa da comunidade LGBT que foram importantes*

para a sociedade. Eu ia pesquisar aqui no meu celular, eu não sei como é que eu esqueci o nome... porém, é o pai da ciência da computação. Eu esqueci o nome, eu não sei como.

P: Alan Turing?

AM2: Sim, ele mesmo, obrigado! Ele é um ótimo exemplo disso, ele era um cientista, homossexual, da Segunda Guerra Mundial, que criou um dos primeiros computadores do mundo. Esses tipos de pessoas que precisariam de um holofote [...].

A escola, como uma das instituições distribuidoras de recursos, deve admitir "[...] que classes e grupos particulares foram historicamente ajudados, enquanto outros foram tratados de forma menos adequada" (Apple, 2019, p. 9).[22] Hoje, a cultura escolar pende para uniformização das diferenças (Candau, 2016). Para dar-lhe outra fisionomia, é cabível implementar, no lugar de uma educação bancária, a serviço de um projeto societário desumanizador, uma educação voltada à emancipação humana (Freire, 2015). A Declaração de Salamanca testifica que as diferenças são normais e que não é a(o) aluna(o) que deve se ajustar à escola, mas sim o contrário (Unesco, 1994).

No ambiente escolar, a hostilidade ou a indiferença aos dissidentes de sexualidade e de gênero geram efeitos danosos na trajetória posterior desses sujeitos, que podem aceitar o disparate de que são inferiores e se resignar a uma posição rebaixada na hierarquia social. O ensinamento transmitido a essas(es) estudantes de que sua identidade é menos legítima do que a cis-heterossexual faz parte de um "currículo oculto": "[...] as normas, valores e crenças não declaradas que são transmitidas aos estudantes através da estrutura subjacente do significado e no conteúdo formal das relações sociais da escola e na vida em sala de aula" (Giroux; Penna, 1997, p. 57). Cercar o tema da diversidade sexual e de gênero de cautela, como se procede na escola, é apor-lhe uma aura de hermetismo:

G4: Então essa questão de você estar falando, abordando um assunto "muito assim" na cara dos alunos, dentro de uma sala de aula, ia transformar aquilo ali num campo de batalha.

---

[22] No original: "[...] that particular groups and classes have historically been helped while others have been less adequately treated."

G1: Então, é assunto que muitas vezes é muito delicado. Porque assim, quando ele é aberto... solto, assim, jogado como uma bomba diretamente, causa muito desconforto.

G1: E a gente vê que é dessa forma que a gente consegue abordar um pouco. Não tão abertamente, mas com uma sutileza. Porque o assunto é delicado, e eles não falam abertamente. Tanto é que quando eles querem aprofundar um pouco, eles procuram as pessoas que eles tenham confiança.

G2: De forma administrativa, a gente já tinha traçado alguns mecanismos para a gente poder trabalhar com os nossos professores, porque esse tema é um tema extremamente polêmico.

O léxico bélico — "campo de batalha", "jogado como uma bomba" — empregado pelas gestoras demonstra a potencialidade desestabilizadora do tema, que é polêmico justamente porque diz respeito a uma hierarquia social que muitos querem manter. Ao não tocar nele, a escola termina por referendar divisões sociais hierárquicas baseadas na orientação sexual e na identidade de gênero (Silva; Paveltchuk, 2014). O amedrontamento frente a essas hierarquias leva a escola a uma instauração formal e superficial dos conteúdos transversais:

D5: Então, as meninas já colocaram muito bem sobre como é trabalhado dentro do projeto político pedagógico. E... o que que eu posso te dizer sobre isso é que dentro do currículo, ele vem trabalhando sim com projetos interdisciplinares e nos temas transversais. Isso é garantido dentro do PPP de todas as escolas, eu acho que, como se trata de um instrumento extremamente político, a gente não pode fugir das ações que são ações direcionadas para políticas públicas. O que a gente pode implementar dentro do nosso projeto político pedagógico, em relação a ações que beneficiem os temas transversais dentro das escolas, eu acho que mais apoio, mais apoio legal, não só dizer "eu estou aqui", mas dizer "eu estou aqui, nós estamos juntos". É totalmente diferente, entendeu?

D1: Então, eu acho que esses assuntos que as meninas abordaram são importantes obviamente. A questão do preconceito... a diversidade sexual é uma coisa que eu acho que não é muito abordado na escola e talvez só esporadicamente. É... eu vou dar um exemplo: a questão da consciência negra. Deveria ser um tema que ele não fosse abordado apenas em novembro, mas normalmente, nas escolas, é abordado justamente nesse período. A questão da diversidade sexual, da sexualidade, do preconceito, isso deveria ser assuntos inseridos normalmente nos nossos conteúdos [...] mas ainda não são.

A educação sexual emancipatória, que se identifica pelo "[...] compromisso com a transformação social, possibilitando questionamentos que envolvem a relação de poder, favorecendo a aceitação das diferenças, o respeito pela minoria e o combate a toda situação de opressão e de violência sexuais" (Dessunti; Soubhia; Alves, 2009, p. 68), pouco comparece nos discursos das gestoras e das professoras, nos quais se constata a prevalência do modelo biológico-centrado e preventivo de educação sexual (Vieira; Matsukura, 2017), como se vê na seguinte fala: "[...] esse é meu objetivo maior: que eles conheçam o corpo humano deles, o que que é o clitóris, o que que é uma fecundação, esse é meu objetivo principal na aula." (D4).

A identidade cis-heterossexual é tratada como um padrão a ser seguido, embora não tenha nenhuma essência a-histórica e só exista em relação a outras identidades. Ferramentas pedagógicas como "O Questionário Heterossexual" podem ajudar a expandir a percepção da historicidade da heterossexualidade:

Este questionário é apenas para heterossexuais confessos. Se você não for abertamente heterossexual, passe para um amigo que seja. Por favor, tente responder as perguntas com a maior franqueza possível. Suas respostas serão mantidas em estrita confidencialidade e seu anonimato totalmente protegido.

1. O que você acha que causou sua heterossexualidade?

2. Quando e como você decidiu que era heterossexual?

3. É possível que sua heterossexualidade seja apenas uma fase que você pode abandonar?

4. Será que sua heterossexualidade deriva de um medo neurótico de outros do mesmo sexo?

5. Se você nunca dormiu com uma pessoa do mesmo sexo, como pode ter certeza de que não preferiria isso?

6. A quem você revelou suas tendências heterossexuais? Como eles reagiram?

7. Por que os heterossexuais se sentem compelidos a seduzir os outros ao seu estilo de vida?

8. Por que você insiste em exibir sua heterossexualidade? Você não pode ser apenas o que você é e manter isso em segredo?

9. Você gostaria que seus filhos fossem heterossexuais, sabendo dos problemas que enfrentariam?

10. [...] (Rochlin, 1972, [n.p.], tradução minha).[23]

Ao contribuir para a exclusão e a opressão das minorias sexuais e de gênero que integram a comunidade escolar, o currículo oculto age pela consolidação de estruturas sociais iníquas. A ocultação curricular das identidades LGBTQIA+ revigora a heterossexualidade como a única orientação sexual válida (Schmidt, 2015). A escola tem utilizado marcadores sociais da diferença como gênero e orientação sexual para reforçar configurações sociais hegemônicas:

G 1: Algumas coisas a gente tem um poder de legitimar. Mas por exemplo, de manhã vamos pensar em farda... de primeiro ao quinto. As meninas têm que vir de short-saia e os meninos têm que vir de shortinho! "Por que que eu também não posso vir de shortinho?". E já pensou um menino de short-saia. Então assim, são coisas que muitas vezes não está assim no domínio da escola. Depois tem coisas que vai muito da sensibilidade de um professor, de quem está à frente de uma situação de recreação. Por que que ela não pode brincar? É só uma brincadeira, qual o problema? Por que não pode brincar de bola? É só uma brincadeira. Então assim, é... tem coisas que realmente a gente consegue contornar, legitimar... mas tem coisas que fogem do nosso domínio.

---

[23] No original: This questionnaire is for self-avowed heterosexuals only. If you are not openly heterosexual, pass it on to a friend who is. Please try to answer the questions as candidly as possible. Your responses will be held in strict confidence and your anonymity fully protected.

1. What do you think caused your heterosexuality?
2. When and how did you first decide you were a heterosexual?
3. Is it possible your heterosexuality is just a phase you may grow out of?
4. Could it be that your heterosexuality stems from a neurotic fear of others of the same sex?
5. If you've never slept with a person of the same sex, how can you be sure you wouldn't prefer that?
6. To whom have you disclosed your heterosexual tendencies? How did they react?
7. Why do heterosexuals feel compelled to seduce others into their lifestyle?
8. Why do you insist on flaunting your heterosexuality? Can't you just be what you are and keep it quiet?
9. Would you want your children to be heterosexual, knowing the problems they'd face? [...].

> *D2: Então ele trazia aquilo de casa para a escola, tanto é que eu cheguei a ver várias situações do G. no banheiro das meninas tentando passar um gloss acolá, eu dizia "ó, G., primeiro que a gente... infelizmente a escola quer que separe banheiro de menino...", a escola não, eu digo assim o Estado né, o Estado exige isso, que seja separado banheiro de menino de menina,... "mas se você quer fazer, faça lá fora, eu entendo perfeitamente a sua situação... se precisar de um apoio, de uma conversa, a gente conversa" [...].*

Questões como uso de saias ou do banheiro feminino por alunas trans não deveriam provocar nenhum transtorno, no mínimo porque os artigos 6.º e 7.º da Resolução n.º 12, de 16 de janeiro de 2015, editada pelo Conselho Nacional de Combate à Discriminação e Promoção dos Direitos de Lésbicas, Gays, Travestis e Transexuais - CNCD/LGBT, garantem a utilização de espaços segregados por gênero e o uso de vestimentas, caso haja distinções quanto ao uso de uniformes e demais elementos de indumentária, consoante a identidade de gênero de cada sujeito (Brasil, 2015). Na mesma linha, um dos objetivos constitucionais é "promover o bem de todos, sem preconceitos de origem, raça, sexo, cor, idade e quaisquer outras formas de discriminação." (Brasil, 2016).

As infrações a essa norma cogente geram responsabilização civil e criminal. Trata-se de uma previsão constitucional que deve ser observada sobretudo no ambiente escolar, onde se obtém subsídios para lutar contra a exclusão, como afiança o art. 5º, *caput*, da Resolução 04/2010: "A Educação Básica é direito universal e alicerce indispensável para o exercício da cidadania em plenitude, da qual depende a possibilidade de conquistar todos os demais direitos [...]" (Brasil, 2010). Por uma interpretação extensiva, essa previsão normativa se aplica a todos os níveis de ensino. Juntam-se aos dispositivos citados o Art. 3.º, inciso III, da Lei de Diretrizes e Bases da Educação, que elenca o pluralismo de ideias e de concepções pedagógicas como um dos princípios do ensino nacional, e o Art. 2.º, *caput*, da mesma lei, que lista o pleno desenvolvimento do educando e seu preparo para o exercício da cidadania entre as finalidades da educação (Brasil, 1996).

Relativamente aos direitos das minorias sexuais e de gênero, o grande vácuo legal não impede que se reconheça que já existe um aparato normativo razoável para a proteção dessas pessoas: o desafio é fazer com que ele seja cumprido. As distinções injustas opõem-se ao princípio da igual consideração dos interesses, que "[...] exige que demos o mesmo peso em nossas considerações morais aos interesses iguais de todos os atingidos por nossas decisões" (Ferrer; Álvarez, 2005, p. 303). A visão da educação formal como bálsamo de todos os males sociais justifica-se cada vez menos e a escola irrompe como um espaço avesso às(aos) alunas(os) LGBTQIA+, que não têm as mesmas oportunidades de aprendizagem que os demais discentes.

Na democracia brasileira, a igualdade jurídica anda junto com a desigualdade fática, em mais uma das muitas contradições que nos cercam. O simulacro de que as(os) cidadãs(ãos) são iguais em direitos e deveres é uma cortina de fumaça que turva a visão sobre impasses desconcertantes, como o fato de o Brasil ter a segunda maior concentração de renda entre mais de 180 nações (Sasse, 2021). O país não ostentaria essa marca se não fosse pelo seu largo retrospecto de menoscabo aos direitos humanos. Uma escola democrática deve, mais que dedicar o mesmo atendimento a todas as(os) discentes, tratá-las(os) de acordo com suas especificidades, em prol da irrupção das condições necessárias à autodeterminação humana.

Para que a democracia não seja só uma bela palavra, é preciso combater a violência onde quer que ela se manifeste, dado que democracia e violência são estruturalmente inconciliáveis. Se não é ajuizado menosprezar a legislação protetiva dos direitos humanos, que tanto indica os dispositivos a serem acionados para a realização e a proteção desses direitos como auxilia na conscientização da população, também não se pode negar que as leis são apenas a ponta do iceberg cultural e que não conseguem, sozinhas, concertar as diferenças entre os grupos sociais. Ou o que é pior: elas e os seus aplicadores frequentemente se recusam a crer na existência desses grupos, o que só reforça a opressão infligida a alguns deles (Young, 2011).

A ideia da igualdade social tem, como o deus romano Jano, duas faces. A mais agradável corresponde à consciência de que quaisquer distinções injustificadas agridem a dignidade humana. Juridicamente, a igualdade encontra expressão no princípio isonômico, presente nas constituições de diversos países, inclusive na brasileira, que dispõe, em seu artigo 5.º, que todos são iguais perante a lei, sem distinção de qualquer natureza (Brasil, 2016). Esse dispositivo constitucional consolidou-se a partir de um processo histórico-cultural de lenta maturação, cujas origens remontam à Antiguidade. A civilização ateniense, mesmo excluindo mulheres, crianças, escravos e estrangeiros da participação política, estabeleceu as pilastras das democracias posteriores: a soberania da lei — e não de um rei ou da aristocracia — e a isonomia (Souza; Lorentz, 2008).

Sob o influxo do iluminismo, os artífices da Declaração dos Direitos do Homem e do Cidadão (1789) rebelaram-se contra o Antigo Regime e fixaram que os homens nascem e permanecem livres e iguais em direitos (Ishay, 2007). Na tomada do poder político, a burguesia fez o que pôde para sagrar-se como porta-voz desinteressada dos mais variados segmentos sociais, pleiteamento que, embora tenha encontrado bastante ressonância, não resiste à mais breve análise. É patente que a filosofia iluminista satisfaz melhor as aspirações de um grupo bem definido da sociedade, integrado por homens brancos, cristãos, proprietários e heterossexuais. Que o diga Olympe de Gouges (1748-1793), feminista *avant la lettre* guilhotinada por questionar os "valores republicanos" (Gouges, 2010).

A essa contradição, adicionam-se várias outras, como o fato de John Locke (1632-1704), considerado o pai do liberalismo político, ter sido acionista da Royal African Company, grande organizadora do tráfico negreiro (Losurdo, 2006). Seguindo seu exemplo, Thomas Jefferson (1743-1826), redator do rascunho da Declaração de Independência dos Estados Unidos de 1776, onde se lê que "[...] todos os homens são criados iguais, que são dotados pelo Criador de certos Direitos inalienáveis, que entre estes estão a Vida, a Liberdade e a busca da Felicidade" (Driver, 2006, p. 44), não só foi proprietário de escravos, como viveu maritalmente com a escrava Sally Hemings (Gordon-Reed, 2008). O reconhecimento dos direitos humanos como trincheira contra a opressão não os exime de censuras.

Por efeito de seu parentesco com o liberalismo, eles são marcadamente genéricos — porque reúnem numa única categoria indivíduos que só muito vagamente podem ser considerados semelhantes — e abstratos — porque não consideram as especificidades concretas dos atentados à dignidade humana. A definição formal dos direitos humanos atropela as diferenças interindividuais e exibe a faceta mais cruel da igualdade. Exemplificativamente, requer-se uma mente fértil para ter como iguais o capitalista e o trabalhador que firmam um contrato de trabalho. A igualdade jurídica é um dos estratagemas inventados pela burguesia para apropriar-se da mais-valia:

> A forma sujeito de direito - aponta a tese lançada já por Marx e desenvolvida por Pachukanis - é determinada pelo processo de valor de troca e está intimamente conectada à forma mercadoria. O sujeito de direito, como a mercadoria, surge como forma social específica do modo de produção capitalista: apenas no interior da sociedade capitalista

> encontra as suas condições de existência, e, exatamente por isso, o desaparecimento da sociedade capitalista só pode significar o seu próprio desaparecimento. (Kashiura Júnior, 2014, p. 12).

No capitalismo tardio, o desemprego estrutural originado da introdução de novas tecnologias no processo produtivo, desesperador para aquelas(es) que se veem sem ter como prover seu sustento, proporciona aos capitalistas uma margem de manobra para diminuir o valor dos salários e exterminar a legislação trabalhista (Paulo Netto; Braz, 2006). Para conter os protestos em resposta à subtração de direitos sociais, a classe proprietária investe sem nenhum pejo contra a democracia. A combinação entre desigualdade e autoritarismo deixa ver que a luta por justiça social não pode estacar no debate sobre o acesso (ou a falta dele) a bens e/ou direitos e deve saltar para o reconhecimento de que o capitalismo, por ser incapaz de dar um padrão de vida condigno a todos, merece ser extinto.

O universalismo é, usualmente, como um cavalo de Troia que trafica os valores ocidentais às culturas minoritárias para vergá-las à cultura dominante. A escola, uma das pontas de lança do projeto moderno, "[...] não constrói o universal partindo do particular. Tentou inverter o processo, impondo valores e conteúdos universais sem partir da prática social e cultural do aluno, sem levar em conta a sua identidade e diferença" (Gadotti, 2003, p. 313). Em seu interior, o rifão "Aqui somos todos iguais" aponta antes para a padronização dos dispositivos pedagógicos em operação do que para a recepção das diferenças (Candau, 2011).

A consanguinidade entre a educação moderna e o capitalismo redundou, no século XX, na proliferação de "[...] pedagogias racionais, com ecos de pedagogias calvinistas — mesmo em Países católicos como a França ou a Espanha — que conceberam os corpos como o local de inclinações pecaminosas ou, na versão científica moderna, patologias e doenças" (Dussel, 2010, p. 31, tradução minha).[24] A depuração dessas falhas hipotéticas, por via da normalização de comportamentos desviantes, é condição ineludível para a reprodução cada vez mais ampliada do capital. A educação, recomendada por especialistas à direita e à esquerda do espectro político como o remédio mais eficaz contra a violência, muitas vezes a potencializa.

---

[24] No original: In the twentieth century, pedagogy and education were dominated by rational pedagogies, with echoes from Calvinist pedagogies—even in Catholic countries such as France or Spain—that conceived bodies as the site of sinful inclinations or, in the modern scientific version, pathologies and illnesses.

As pessoas não heterossexuais são instadas a adequarem-se a certos papéis e, caso isso não seja possível, a não manifestar sua sexualidade em público, para não estimular mais ninguém a desviar-se do roteiro canônico a todas(os) imposto — estudar, trabalhar, casar e ter filhas(os). Nos grupos focais, obtive fartas evidências sobre as complicações surgidas no cotidiano escolar devido ao tratamento inadequado das diferenças. Algumas diferenças são menos aceitas do que outras, como aduz a coordenadora de ensino:

> *G2: E nós tivemos N enfrentamentos dentro da escola, porque assim... no campo de gênero, no campo gordo, deficiente, branco demais, cabelo de um jeito, cabelo de outro, nós temos N fatores dentro da escola. E a gente conseguia visualizar no nosso aluno que os professores tinham feito uma capa, e ele era invisível dentro da escola. E isso foi pauta de muita discussão, de muitas conversas, de muito trabalho com os nossos professores porque o J. tinha virado um menino invisível. "Ah, tu tem problemas? Fica aí no teu canto" ou então "ah, tu é homossexual? Não se manifesta" ou "fica no teu canto como homem, ou como mulher". E assim, independente de gênero, nós temos um trabalho aqui na escola extremamente inclusivo, do aluno especial ao aluno gordo. Nós temos um aluno obeso aqui na escola....se referem ao aluno do oitavo ano: "ah, o gordinho" ou "ah, aquela neguinha". A gente costuma dar apelidos "ah, o doido, está lá dentro da sala de aula" [...].*

Candau e Sacavino (2013) advertem que a edificação de uma cultura dos direitos humanos depende mais da internalização desses direitos no imaginário social, sistemática e consistentemente, do que do alargamento do arcabouço jurídico a eles relativo. Se a instituição escolar, em tese a mais vocacionada a promover essa transformação, não executa a função comezinha de transmitir conhecimentos sobre direitos humanos — expressões como "Direitos Humanos" ou "Constituição Federal" não foram sequer mencionadas nos grupos focais —, esperar dela a problematização dessas garantias é esperar demais, pelo menos nas atuais condições econômicas e sociais. Essa omissão é tão política quanto as proposições pedagógicas crítico-emancipatórias, pela sua coadunação com modelos sociais autoritários.

Em certa medida, essa situação ocorre porque as(os) profissionais da educação não são suficientemente preparados, em seus cursos de graduação, para discorrer de forma exitosa sobre diversidade sexual, o que evidencia uma postura omissiva sobre o tema por parte das instituições de ensino superior (Alves; Silva, 2016). As gestoras e professoras foram uníssonas em declarar não terem sido ensinadas sobre sexualidade na faculdade:

> *P: Eu gostaria de saber se nas trajetórias de formação vocês obtiveram conhecimentos adequados para lidar com essas questões de gênero, sexualidade e diversidade sexual.*
>
> *G3: Só a busca individual mesmo.*
>
> *G1: É, só a busca individual. Acho que a sensibilidade ali vai muito grande, né...*
>
> *G2: É tudo assim muito rápido! Pelo menos na nossa pedagogia é trabalhado, na época da semana etno-racial... algumas diferenças e pronto.*
>
> *G1: A gente na... quando faz licenciatura, a gente tem a disciplina, né, para trabalhar com o aluno especial. A gente já tem a disciplina para trabalhar a questão etno-racial né... mas a questão sexual, eu não sei na pedagogia né, mas na licenciatura não é abordada [...].*
>
> *D3: Então, na minha formação, na faculdade, eu... assim, a gente tem contato com os professores, com os colegas que têm outros gêneros, gêneros diversos. Mas assim, ser ensinada ou que tinha uma matéria, ou eu lembre de um texto ou mesmo uma discussão sobre esse tema e como a gente abordar esse tema em sala de aula, eu não tive.*
>
> *D1: Não, não tive mesmo. Não vou te dizer nem que eu lembre, porque eu tenho certeza que eu não tive mesmo. Nenhuma disciplina que eu fiz durante o curso abordou nenhum desses assuntos.*
>
> *D5: [...] eu nem me lembro se eu... se foi trabalhado isso durante a minha época de formação, mas eu posso te dizer que dentro da nossa formação foi muito fragmentado [...].*

Miranda e Barros (2019) asseveram que muitas(os) professoras(es) foram educadas(os) em um período em que os tabus e preconceitos sexuais eram mais fortes do que hoje, fazendo com que parte dessas(es) docentes nem sempre se sintam confortáveis para dissertar sobre sexualidade com segurança:

> *G5: Eu vou tomar... por uma experiência minha. Quando eu tinha 10 anos eu lembro que estudava lá no 'Cilmar Leitão', no Universitário. E eu me lembro que uma equipe da Ufac, de estudantes, creio que de enfermagem, se não me engano, eles passaram uma semana na escola dando pequenas oficinas. Para as turmas de... na época era quarta série, né. E assim, eles abordaram de uma forma, uma linguagem aproximada, com materiais palpáveis, sobre menstruação, sobre relação sexual, sobre mudanças hormonais de um corpo... tudo que eu precisava saber, que a minha mãe e meu pai com preconceito não conversavam comigo! E eu estava passando por tudo aquilo. Aos 10 anos eu menstruei, e eu escondi aquilo por uma semana da minha mãe, botando tudo que era pano, porque nem absorvente podia dizer que... né. Então eu me virei, porque eu não sabia o que estava acontecendo com o meu corpo. Então assim, passando por essa experiência, eu fico pensando em outras crianças, que apesar de todo o acesso... alguns não têm! E a gente tem visto nas nossas aulas remotas também isso. Alguns têm acesso a tudo e outros não. Então assim: quantas crianças não podem estar nessa mesma situação? Passando por todas essas mudanças hormonais, por todas as mudanças no corpo... e a gente vê no livro, mas é algo muito técnico. Muito rápido. Não foi da mesma forma.*
>
> *Aquilo ficou na minha mente! Aprendi tudinho! Eu não sabia como que uma criança era gerada... e eu descobri ali! E não foi traumatizante, não foi de forma 'pecaminosa' como gostam de colocar... então foi esclarecedor para mim [...].*
>
> *G2: Porque realmente são muitas coisas tabus, e a gente vem de uma geração que... quando a mãe da gente ia falar de menstruação, ela mandava sair do ambiente que estava "sai daqui, menino, que eu estou tratando um assunto aqui com a fulaninha". Eu nunca ouvi falar de menstruação na minha... hoje em dia os meninas "aiii, tô morrendo de cólica, tô menstruada". Aí quer absorventes, a escola toda sabe que está menstruada.*

Para piorar a situação, a discussão diminuta sobre sexualidade e gênero nos livros didáticos deixa as(os) professoras(es) desamparadas(os) para lecionar sobre esses temas:

> [...] assuntos referidos à diversidade sexual ainda permanecem omissos. Apesar de existirem diretrizes que incluam a diversidade sexual como um tema transversal às disciplinas, observa-se que a defasagem ao trabalhá-lo inicia-se na graduação (Figueredo; Machado; Castro, 2020, p. 1024).

O descompasso entre os materiais didáticos e a realidade social não passou despercebido pelas gestoras:

> G1: Agora o que a gente percebe é que a gente, enquanto educação, está muito para trás das realidades, criança chega na escola... acho que agora começou a mudar, né, mas... um dos primeiros temas abordados é o nome da criança, né. Quando ela vai ser alfabetizada começa pelo nome. Depois parte para o campo familiar: sua família, sua mãe... então assim, até um dia desses, nos livros, nas atividades, ainda tem a constituição da família mãe, o pai e o filho, o irmão... tem que ter sempre a filha... então assim, muitas vezes, a gente está muito aquém do que deveria estar enquanto educadoras, né. Então às vezes a gente é pego mesmo de surpresa. A gente vê toda essa movimentação, até que a educação faça mobilização para modificar algumas... porque finda sendo um modelo de família. Se você não se identificar nesse modelo aqui, tu não é normal. Então assim, a gente vai tendo que trabalhar com muitas ferramentas porque as ferramentas às vezes, disponibilizadas na educação, são rotuladas, né.

Os vazios formativos das(os) professoras(es) resultam numa mediação simbólica deficitária das informações sobre sexualidade. O excesso de pudor de educadores e familiares sobre os conteúdos sexuais fortalece o tabu que está por trás desses assuntos, dificultando a abertura de espaços de conversa sobre eles (Garbarino, 2021). Esses sentimentos de vergonha secundam a privatização da sexualidade e obstaculizam "[...] uma politização das visões vinculadas aos preconceitos, o que gera uma reprodução de antigos problemas" (Ew *et al.*, 2017, p. 58). É difícil imaginar alguém como a professora de ciências dos nonos anos, assumidamente retraída, conversando sobre diversidade sexual de forma desembaraçada:

> D4: Às vezes por eu ser nova e um pouco tímida, eu fico até meio sem jeito de falar né, porque para mim é uma coisa nova. Eu estou há pouco tempo na docência então para mim às vezes, certos assuntos, talvez pela minha timidez, eu tenho um pouco de vergonha de falar.

As(os) estudantes, por sua parte, falam das questões sobre gênero, sexualidade e diversidade sexual com muito mais desinibição e ficam perplexas(os) com a reserva da escola acerca delas:

> AF2: [...] na matéria de religião, teve sim debate... só que não foi, tipo, por escolha de assunto, falar "vamos debater sobre isso para os alunos aprenderem", foi depois que ocorreu um caso de

> *homofobia que a professora viu... e foi fazer para as pessoas, para os alunos terem consciência. Então acho que deveria ser trabalhado, não deveria esperar algum caso de homofobia para ser trabalhado isso em aula.*
>
> *AM1: Não assim, não nas avaliações, eu tô falando assim, retratar mesmo em sala de aula, sem ter a ver com, tipo, prova... mas sim pra, como eu posso dizer, esqueci agora a palavra... Para modular, é... meu deus, agora eu esqueci mesmo a palavra que eu ia falar...*
>
> *P: O debate... a reflexão?*
>
> *AM1: É outra coisa, mas vamos usar isso. Vamos usar como debate, pode usar sim como debate dentro de sala de aula, para os alunos entenderem isso, né. E realmente ficar bem explícito.*

O maior interesse pela sexualidade e a acessibilidade à informação estão entre os aspectos mais perceptíveis da cultura contemporânea. As(os) jovens alcançam por conta própria, com seus celulares, os esclarecimentos denegados pelas autoridades tradicionais. O autodidatismo digital, junto a inúmeros benefícios, também cobra sua fatura: há uma grande probabilidade de que as(os) alunos(as), à cata de informações sobre sexualidade e gênero, topem com discursos de ódio, pornografia ou dados errôneos. Tudo isso instiga um diálogo mais franco na escola sobre as múltiplas nuances da sexualidade:

> *AF2: Então eu ficava meio assustada porque eu não sabia o que era ainda, né. Depois de um tempo fui olhar na internet, fui descobrindo o que que era e hoje em dia já sei muito sobre isso.*
>
> *AF2: Eu mesma pesquisei, porque eu desde sempre, assim, eu gosto de pesquisar sobre essas coisas, sobre esse assunto principalmente. Então eu sempre acompanho as notícias, eu sigo várias páginas sobre porque eu gosto de acompanhar realmente o que acontece...*

Outro complicador ao exercício do magistério é a "[...] grande dificuldade do professor [...] em lidar com o chamado 'aluno atual', ou com a diversidade de alunos da escola contemporânea" (Pereira, 2010, p. 140). A seguir, vê-se um exemplo dessa variabilidade:

> *G2: Mas em 2020 nós estamos com o nosso primeiro caso de filho, no registro, com dois pais. É o nosso primeiro caso aqui na escola [...] Mas o garoto é um menino que a gente consegue perceber extremamente organizado, um menino muito participativo... mas a gente ainda não teve tempo de ver a reação dos professores porque quem sabe é a parte administrativa e a equipe de gestores. Mas a gente tem medo de um impacto na reunião. De entrega de notas. "Quem é você?", "não, eu sou mãe do fulaninho, então eu sou o pai do fulaninho". E o fulaninho tem dois pais. Esse é o nosso primeiro ano no registro escolar que a gente tem uma situação dessa. ... e ainda tem mais um detalhe. Todo ano se monta o censo, que, pasme você, no censo a gente tem dificuldade, porque não existe um campo "dois pais", e ele é registrado com dois pais.*

Faz-se mister diminuir o intervalo entre as práticas educacionais tradicionais e a realidade vivida pelo alunado. A menos que redimensionem seu sistema de crenças e valores, as(os) professoras(es) não conseguirão responder aos desafios que lhes são colocados na contemporaneidade:

> *D5: Hoje nós estamos em mundo contemporâneo, como já foi falado muitas vezes, a gente precisa trabalhar o ser humano na sua essência, enquanto ser humano. Enquanto ser vivo! Não importa se ele é homem ou mulher, não importa se ele não se definiu, o que importa é que ele é ser humano!*

Se é verdade que a ignorância deliberada de algumas(ns) professoras(es) quanto a determinadas situações dimana da falta de suporte formativo, não é menos certo que elas(es) "[...] também são aprendentes. Leva-se em conta a diversidade e as diferenças que compõem o corpo docente da escola. É neste lugar que o professor avança no modo de produzir a sua ação e, assim, vai transformando sua prática." (Figueiredo, 2011, p. 144). A multiplicidade de papéis exercidos pelas(os) docentes é reveladora dos percalços da profissão:

> *D2: [...] na nossa experiência do dia a dia, a gente, que nem a D3 falou, a gente lida com várias situações. Nós somos o delegado, nós somos o policial que aparta a briga, nós somos o psicólogo, nós somos os juízes, os conselheiros... então são, além de professores, são várias atribuições que são nos destinadas. É... como é que eu posso dizer né, na realidade nem são destinadas, a gente acolhe isso para a gente, a gente sabe que não existe essa facilidade do meu aluno X estar precisando de um psicólogo e ele ir lá pedir um psicólogo e o psicólogo estar na escola.*

A salvaguarda da dignidade da(o) aluna(o) envolve a dignificação da prática docente. Ao baterem-se contra a falta de qualificação, a rotina, a estrutura precária, a sobrecarga de trabalho, a má remuneração e demais dificuldades oriundas do descaso do poder público e da sociedade, as(os) professoras(es) concorrem para o incremento do processo educativo. Cumpre-lhes "[...] a denúncia de um presente tornando-se cada vez mais intolerável e o anúncio de um futuro a ser criado, construído, política, estética e eticamente, por nós, mulheres e homens" (Freire, 2013, posições 97-98). O par dialético denúncia/anúncio se volta de igual maneira contra o pessimismo imobilista e o otimismo ingênuo, atualizando a máxima de que é acertado harmonizar o pessimismo da inteligência com o otimismo da vontade (Gramsci, 1992).

As impressões das(os) discentes sobre a preparação das(os) docentes para falar sobre diversidade sexual e de gênero são divergentes. Ao mesmo tempo que acham que as(os) professoras(es) são despreparadas(os), consideram-nas(os) mais preparadas(os) do que seus familiares:

> AF1: Mas eu acho que assim, não falam muito sobre esse assunto, mas é mais a questão de respeito, então eu acho que eles não falam por falta de conhecimento. Então se tivesse um projeto para eles conhecerem realmente sobre isso, eu acho que sim, eles teriam um preparo para falar sobre.

> AM1: Os professores, além de eles serem formados em pedagogia, eu acho que em alguma parte do curso deles, eles têm sim um preparo a mais para falar sobre isso dentro de sala, do que os pais, né, porque muitos não têm essa informação tão grande para tratar sobre o assunto [...].

Não é outorgado às(aos) professoras(es) alegar deficiências na sua formação para deixar de trabalhar os temas sexuais de modo educativo, face à abundância de fontes informativas sobre eles na internet. Quanto à homofobia, é indesculpável explicá-la lançando mão da frase "isso é falta de informação", como se as(os) que a perpetram não tivessem sido cientificados de sua perniciosidade (Costa; Melo, 2021). Além da consciência moral — senso de certo e de errado — ser comum a todas as pessoas (Kant, 2016), a diversidade sexual é um tema "quente", fartamente comentado nas redes sociais. Ao que tudo indica, os entraves mais determinantes contra uma educação sexual libertadora são os valores e crenças heterossexistas que alguns profissionais da educação carregam consigo:

G1: Então assim, primeiro trabalho da escola é de convencimento, né.

Enquanto equipe, muitas vezes a gente aborda, no planejamento... até a questão dos alunos especiais, a gente tem professores que são hipersensíveis com trazer atividade diferenciada. Tem a sensibilidade de tratar o outro como diferente, mas não excluí-lo, né, incluí-lo... e tem professores que não querem nem saber daquele aluno. Querem excluí-lo... ele não atrapalhando a aula dele está bom, agora atrapalhando a aula dele, está fora... "Venha buscar o aluno porque está atrapalhando a turma".

G2: Eu, enquanto professora... eu com 49 anos, mas eu confesso para você, eu não tenho problema nenhum com os nossos alunos ou com os nossos amigos. A situação é assim... mas tenho amigos tanto mulheres quanto homens que são casados, que vivem juntos. Mas eu enquanto ser humano, não estou preparada para as intimidades deles, entendeu? Tipo, estamos aqui numa reunião, numa conversa, um beijo na boca de um homem com homem... Eu imagino isso na escola, eu imagino... claro que, eu não seria preconceituosa, eu não sou. Em alguns momentos, nós enquanto sociedade, eu professora, educadora, eu consigo falar tranquilamente, eu consigo dar uma aula tranquilamente sobre gêneros, mas eu não sei se eu estou preparada para viver uma situação real dos meus amigos, entendeu? Não que eu achasse, ou que eu ache... "ah, vai deixar de ser mais ou menos amigo", não é isso. Eu acho que eu não estou preparada para viver isso, ainda, né. Então não tenho nada contra cada um, eu respeito muitas opções... nós temos professores, profissionais aqui, que moram na frente do meu apartamento que vivem com outras pessoas, são extremamente reservados. Mas que, eu não estou preparada para vê-los descendo a escada de mãos dadas, entendeu? Então a minha primeira vez que eu vi, eu tomei um susto. Um susto tão engraçado que eu ia era caindo da escada. Mas não era um susto de "aí, meu Deus eu tenho medo", é uma questão social mesmo. São situações cotidianas de uma pessoa madura, já com quase 50 anos, mas que foi criada de uma forma diferente. E eu tento, a todo minuto, a todo momento, colocar novas experiências na minha cabeça, mas é uma situação que a gente traz para dentro da escola, vivendo com nossos alunos. Até que ponto que eles estão preparados para ver o amigo se beijando na boca de outro amigo, do sexo masculino? Ou amiga se beijando com outra amiga?

A escola é um microcosmo do macrocosmo social e ecoa tudo o que ocorre no contexto cultural mais amplo. Compreender sua dinâmica exige olhar para além de seus muros. A escola está imbricada com os valores e práticas em vigor na sociedade como um todo. Numa sociedade pontilhada de desencontros, exige-se um esforço redobrado para fazer da escola um espaço de encontro. A mudança social por meio da escola é um processo em dois tempos: "A educação muda as pessoas. As pessoas mudam o mundo" (Brandão, 2005, p. 51). A escola age como mediadora na transformação da realidade, conectando o ser humano ao seu destino, que "[...] deve ser criar e transformar o mundo, sendo o sujeito de sua ação" (Freire, 2014, p. 50).

A lógica estrutural que dita o que pode e o que não pode ser feito na escola é a mesma que corta as demais instituições sociais (Giovedi, 2016). A própria diretora descortina uma inércia cultural impeditiva de práticas escolares não homofóbicas:

> G 1: Então assim... são vários... o despreparo! A questão da nossa carga que a gente vem, das nossas convicções... a questão familiar também, então o problema, muitas vezes, não é educar para isso nossos alunos... tem contratempos que a gente tem que enfrentar para que isso seja realmente efetivado.

Malgrado a responsabilidade profissional da(o) docente esteja diretamente vinculada à sua missão básica, aos padrões do local em que leciona, ao currículo e à legislação educacional (Willcox, 2019), muitas vezes suas mundividências falam mais alto nas intervenções em sala de aula. Acontece que a formação das(os) professoras(es) nunca para e na interlocução com as situações cotidianas elas(es) podem aprender a desafiar os preconceitos mais arraigados, como admite a mesma gestora que disse não estar preparada para as intimidades de seus amigos não heterossexuais: "[...] a gente trabalha muito dentro da escola, para que seus alunos sejam vistos, para que você tire... quebre esses paradigmas! E que a gente aprenda. No dia a dia, cada dia é uma nova aprendizagem. Cada dia é um novo modelo de ver a vida."

Em reverberação ao princípio fundamental do materialismo histórico de que o ser humano constrói/reconstrói a si mesmo, saliente-se que o trabalho da(o) docente não transforma apenas a subjetividade das(os) alunos, mas a dela(e) mesma(o). Dentro de tudo o que aprendeu durante a formação superior, a/o docente elege as práticas que calcula ser mais promissoras a partir da singularidade de cada turma com que trabalha, usando suas experiências como parâmetro (Perrenoud, 1997). Ela(e) imprime um toque pessoal à sua atividade concreta, cuja adequação aos fins visados varia em função da qualidade das suas vivências profissionais. A professora de Artes e Religião, apontada pelas gestoras e alunas(os) como a mais preparada para falar sobre diversidade sexual, conseguiu encetar algumas situações didáticas inovadoras:

> *D2: Às vezes quando você, dentro da sala de aula, você fala para um menino com a linguagem técnica... lógico, né... eu pelo menos quando vou abordar a questão do corpo em artes, eu falo a linguagem técnica pra ele mas eu falo também a linguagem popular que é pra ele saber o que que significa... que também não adianta eu ficar falando quais são as partes do corpo se eu não falar pra ele o que que significa... e aí, a forma, às vezes, no meu ponto de vista... a forma de você abordar a questão corporal, a questão da estrutura corpórea para um aluno na sala de aula, de uma forma*

> *mais técnica, mesmo você explicando para ele o linguajar popular, eu acho que não causa tanto estranhamento quando ele chega passando isso em casa. Porque se eu chego para um menino e eu falo a linguagem popular, que a mãe dele é acostumada, e ele é acostumado a ouvir e aí ele chega em casa e conta que eu falei isso para ele na sala de aula... muitos pais não vão entender que é uma forma de educação! Mas aí, quando eu explico para ele: "olha, isso que eu estou falando aqui, que a gente tem que fazer essa movimentação, é a mesma nossa bacia". "O púbis, é a linguagem popular que vocês ouvem falar, é a questão da frente da baratinha da menina ou a questão da frente da parte íntima do homem"... E, assim, eu não vejo a resistência, eu vejo o lado da curiosidade deles aprenderem mais sobre a questão do corpo. Pelo menos comigo é assim, eu não sei se é porquê eles ficam à vontade.*

> *D2: [...] a gente achou uma alternativa de como eles poderiam expressar o que eles achavam! Qual foi a alternativa que eu achei: de eu fazer uma caixinha de relatos, que eles escrevessem cartas do que eles estavam sentindo, que que eles achavam, e colocassem na carta, e não precisava se identificar.*

O uso do método "caixa do desabafo" indica que o ambiente escolar ainda é muito refratário à diversidade sexual, a ponto de ser inimaginável o colóquio aberto sobre ela. Mesmo assim, é melhor utilizá-lo do que não fazer nada a respeito da homofobia. Do contrário, não haveria como acudir alunos como o mencionado pela diretora:

> *G1: Então assim, o engraçado que até dessa dinâmica, muitas vezes, têm procuras desesperadas: "Olha, eu sou homossexual assumido, e minha família não aceita, por isso eu nunca falei com ninguém sobre isso. Mas eu tenho uma angústia muito grande, eu me apaixono pelos meus amigos."*

Soares (2019) previne que a discussão de gênero não pode se restringir a uma disciplina e precisa ser abraçada por toda a comunidade escolar. Porém, a diretora da escola reconhece que as questões relacionadas à sexualidade ainda não são tratadas de forma interdisciplinar:

> *G1: A experiência que a gente tem, assim... que a gente vem abordando e que a gente vê que surte bastante efeito, são situações das aulas de artes, religião... pela própria metodologia da professora.*

> *G1: Não é qualquer professor que consegue abordar esse tema. Tem que ser aquele professor que eles se sintam muitas vezes à vontade de falar. Professor que não demonstre ser extremamente radical... mas, uma pessoa que seja aberta a qualquer tipo de situação. Então, não é qualquer pessoa que consegue chegar e abordar esse tema. Tem que ter um preparo muito grande. Isso que a gente percebe com os alunos. Para que o trabalho surta efeitos, para que eles consigam realmente colocar para fora as suas percepções, né.*

Os relatos das gestoras apontam para o predomínio de intervenções *ad hoc* no que tange à diversidade sexual, em detrimento de uma abordagem sistemática, e corroboram a observação de Parrilla (2015) de que o trabalho educacional com temas transversais ocorre de maneira improvisada e episódica, sem maior planejamento, comprometendo a eficácia da transdisciplinaridade proposta nos documentos governamentais:

> *G3: A gente não pode deixar de falar, ter vergonha... No momento, a gente tem orientado os professores para, no momento, tratar ali! "Você tem que se recompor, professor!". Não tem esse negócio de tremer, ficar calado, e fingir que não ouviu. Na hora, coloca o tema na aula: vocês conhecem? Sabem o que sobre isso? É mais natural tratar dessa maneira, justamente porque é melhor ainda... criança tem uma linguagem de se entender muito melhor do que a gente pensa.*

> *G2: Aí assim, independente do conteúdo trabalhado, dentro do PPP é trabalhado, né. E independente da disciplina, se surgir o momento... para o que está se fazendo, para não fazer de conta que não está acontecendo. É dar importância e tratar com naturalidade.*

> *G3: O professor tem que abordar o assunto de uma maneira que não seja, em nenhum momento, constrangedor. Tem que ter esse professor mediador que saiba na hora agir. Na hora agir, e até como a gente diz... geralmente quando a gente fala, a gente diz "olha, não deixe passar o momento. É naquele momento." Então abre uma discussão e vamos ouvir, né [...] a maneira natural que se deve falar naquele contexto, né. Professor tem que ter muita segurança nesse momento. Porque tem professor que diz assim "aí, eu fico vermelho. Não gosto de falar desse assunto". E aí, o que eu faço? "Não, mas você tem que falar."*

A sexualidade tem grande abrangência na vida das pessoas — subjetiva, cultural e socialmente — e um enfoque voluntarista pode banalizá-la (Figueiró, 2020). Talvez por isso as docentes da escola creem que profissionais especializados externos à instituição versariam melhor sobre ela:

> *D1: Bom, é... eu participei, eu já estava na escola nessa época e realmente eu acho que essas palestras, elas contribuíam muito, até porque é feita de uma forma mais lúdica né, mais tranquila, mais simples, sem muito contar, vamos dizer assim, como conteúdo. Então eu acho que o aluno, ele de certa forma... ele fica mais liberado a ter acesso àquele assunto [...].*

> *D5: Uma das coisas faladas, não sei se foi a professora D2 que acabou de falar: o santo de casa, ele não faz milagre. Então o milagre só é realizado pelo santo de fora. Então quando vem um palestrante da secretaria de educação, às vezes nós professores abordamos com mais ênfase pedagógica do que eles, porém faz muito mais efeito o santo de fora do que o professor que é da casa.*

As falas supramencionadas vão ao encontro da afirmativa de Russo e Arreguy (2015) de que a maioria das(os) professoras(es) considera que convidadas(os) "especialistas" profissionais da saúde são mais abalizadas(os) do que elas(es) à orientação sexual das(os) alunas(os). Essa crença, além de denunciar a filiação a uma estratégia pedagógica expositiva, em vez de dialógica e problematizadora, não deixa de ser uma eximição de responsabilidade. Não há nenhuma garantia de que psicólogas(os) consigam enfocar a diversidade sexual com mais tato do que as(os) professoras(es), visto que

> [...] ainda perduram nos currículos de formação em Psicologia tendências de ensino que reproduzem um entendimento essencialista e normativo da sexualidade e pesquisas apontam a prevalência de visões preconceituosas e patologizantes de profissionais e estudantes de Psicologia e de outras áreas, com relação à diversidade sexual (Anzolin; Moscheta, 2019, p. 208).

Está fora de discussão que, em casos críticos, como os narrados na sequência, faz-se necessária a intervenção psicológica. A insuficiência de recursos no sistema de ensino público muitas vezes priva as escolas desse auxílio:

> G1: [...] e depois, querendo ou não, às vezes a gente até encaminha: olha, seria bom consultar um profissional, fazer uma consulta com o psicólogo, falar da saúde na escola, procure um profissional, leve ele... converse. Não sei o quê. Só que até, a gente trabalha com família de baixa renda, é um percurso longo! Então muitos não vão, não vão atrás. Acham que é frescura, que a professora está vendo coisa onde não tem, a diretora, a coordenadora... então a gente sabe e encaminha. Mas até a família chegar num atendimento profissional, que muitas vezes vai trabalhar a família para a aceitação, ...para saber que é diferente, que precisa ser trabalhado, que o outro precisa se aceitar, que ele não tem que se matar, se mutilar por conta disso. A nossa preocupação muitas vezes é que vidas estão em risco, porque não tem um acompanhamento que deveria ter, e nem a gente pode dar. Ninguém é clínico aqui, né.

> D2: [...] quando teve esse problema do nosso aluno aí, eu falei para eles né, que a gente ia chamar um psicólogo, para a gente abordar o assunto. Porque eu tinha até conversado com a própria psicóloga da secretaria, que eu tinha conhecido, e aí eu falei para ela, né, que, qual era os caminhos que a gente tinha que fazer, como é que era. Porque eu estava vivenciando essa situação com o meu aluno, até então ainda não tinha comentado com a diretora ainda, e aí eu queria muito ajudar ele para poder tentar solucionar porque eu estava vendo que o aluno estava se sentindo no fundo do poço. O aluno estava se deprimindo, estava se mutilando, em casa a mãe percebia mas a mãe não... eu acho que ficava com medo da conversa. E aí, quando eu falei isso, que tinha a possibilidade de um psicólogo ir, para poder abordar o assunto na escola, eles ficaram todos animados.

D3: [...] mas, o que poderia melhorar: talvez, como foi dito aí, que "santo de casa não faz milagre", né, talvez se fosse colocado, sempre, né, psicólogo pra ajudar nessas questões, né, da escola, uma coisa assim que a gente visse que um aluno tem certas dificuldades nesse ponto né porque, como já foi dito aí, chegou uma situação até de tentativa de suicídio, de dilacerações né, na pele e tudo que eles cortavam... gilete e tal, para chamar atenção e tal, e com uma forma talvez de se auto punir, né, por ser do jeito que ele era... uma coisa de negação ou de não-aceitação. Então assim, eu acho que o psicólogo na escola ou na sede que ficasse sempre...

D2: À disposição!

D3: À disposição, né, para esses casos. Eu acho que ajudaria bastante.

G1: Ano passado, umas alunas vieram procurar a gente desesperadas, do nono ano, se "a escola tem psicólogo?". Aí eu brinquei "não, psicólogo daqui sou eu e a G2. Vamos, qual o problema de vocês?". A gente não tem, né, nem para a gente não tem. Aí elas "Não, é porque a gente precisa de alguém especializado. Nosso amigo é gay, ele está cheio de problemas, está querendo se matar". Quer dizer, as crianças mesmo percebem a necessidade de um profissional especializado para tratar determinados assuntos. Então elas acreditam que só quem pode resolver é alguém que estudou para isso, né.

G3: [...] essa equipe multidisciplinar. Nós temos os professores, psicopedagogos, mas nós precisamos também do profissional que pode nos ajudar a fazer a diferença na vida desse aluno. Porque a gente sabe do problema, aí a gente chama a família... só que às vezes faz aumentar o problema! Não tem como resolver. Esse profissional, essa parceria, seria bom, ter um profissional na escola para trabalhar. Uma vez por mês, duas vezes por mês. [...] essa parceria ajudaria em muitas coisas. Porque aí a gente não só descobre que tem um problema, a gente tenta solucionar.

Entretanto, minha indagação é outra: em que proporção a escola contribui para que as situações cheguem a esse ponto? As táticas de resolver os problemas à medida que eles se manifestam quase nunca são as melhores. Não obstante isso, a escola ainda não investe o quanto deveria na prevenção, a qual não pode deixar de abarcar a reflexão sobre o contexto filosófico, sociopolítico, econômico e cultural em que está inserida (Veiga, 2006). A disjunção entre as relações sociais, culturais e educacionais entroniza a ideologia da competição, causadora do *bullying*, da homofobia e de outras mazelas que assolam a população escolar.

É prudente que a escola sirva-se da teoria pedagógica progressista — encabeçada por Paulo Freire, Moacir Gadotti, Dermeval Saviani, Gaudêncio Frigotto e quejandos — para transmitir uma mensagem clara sobre o tipo de sociedade que quer construir. Justificações como a falta de respaldo estatal explicam apenas parcialmente a abordagem escolar acanhada sobre a diversidade sexual, dado que as escolas dispõem de autonomia pedagógica para tratar do tema:

> D5: *Então a gente, dentro do projeto político pedagógico, precisa de ajudas políticas, de definições, de ações para que a gente possa desenvolver aqui na ponta. Até curioso, nós precisamos de ajuda para a gente também saber como ajudar. Então, nesse momento, o que eu posso te dizer é que nós temos sim, dentro do PPP, é...* ações, é trabalhado dentro do currículo como interdisciplinaridade, e o que deveria ser implementado é que a gente precisa de mais ajuda dentro do poder político.

> D5: *[...] são ações que devem ser mais voltadas para as políticas públicas, valorizando o trabalho pedagógico dentro da sala de aula. Na ponta, que é a sala de aula, "ah o que que você pode fazer enquanto instrumento legal dentro de um PPP?", muitas coisas! Agora "o que que você pode fazer dentro de ações legais no teu dia a dia"? É ter mais apoio.*

Senti que os profissionais da educação têm se deixado intimidar pelo heterossexismo e evitam se pronunciar sobre a diversidade sexual, concorrendo para o *apartheid* educacional das minorias sexuais:

> D2: *[...] a gente mexe com adolescentes. São adolescentes que começam a descobrir os seus gostos sexuais, e assim, de uma forma mais pedagógica, eu sempre gostei de abordar a questão do corpo. Só que de uma forma diferente, não buscando tanto para questão da diversidade sexual, porque quando se fala em diversidade sexual, quando se fala em gênero e chega no ouvido da família que estamos falando disso, se torna um tabu. Porque nem eles falam, e também acham que não é dever da escola falar. É tipo assim: "se você quiser aprenda com a vida".*

> D1: *Mas eu acho que ainda há um certo tabu! Vamos supor assim, até dos professores, porque eu como professora eu não tenho muito é... muita dificuldade em trabalhar esses assuntos, em falar... mas eu tenho um pouco de receio da família. Porque às vezes o aluno*

chega em casa, como a D2 acabou de falar, e aí ele fala que aquele assunto foi abordado daquela forma dentro da sala... e se o pai não tem aquele entendimento, aquela compreensão para aquele assunto abordado... pode causar um certo problema. Então, até na hora de fazer um planejamento, nós temos todos esses cuidados. Porque a escola tem muita proximidade com a comunidade, então as famílias elas são muito inseridas dentro da nossa escola e ao abordar conteúdos assim, nós temos esses cuidados.

D5: Os atores, eles precisam de ajuda. E quando eu falo dos atores eu estou falando da família, eu estou falando da escola, e dos alunos. Nós temos três membros que são extremamente necessários, uma coisa não é "a escola sabe falar sobre isso" porque a família literalmente se omite. É omissa! E por muitas vezes a... hoje, nós temos dois anos de oitavos e nonos, que são formados por famílias mistas. Mas, as que são famílias legalmente consideradas pela nossa sociedade de pai e mãe, são de pais opressores, de mães submissas, de gente que valoriza o sarcasmo, gente que exalta o ser masculino, a masculinidade como... é... força de poder, de trabalho, dentro da sala de aula, em comunicação com os gestores, em comunicação com os professores, mulheres de uma submissão grandiosa, "onde o homem tá falando mulher não pode falar", então... essas políticas públicas, elas deveriam ser mais ressaltadas para apoio dentro da sala de aula, e nós precisamos dos nossos atores maiores, dos nossos representantes, para definirem o que que a gente pode ter como ajuda dentro da sala de aula. Não é só a Língua Portuguesa, a Matemática, não é só isso.

É preciso olhar o problema de frente e ele se chama capitalismo. Nas sociedades capitalistas, "[...] o pedagógico da Sala de Aula contribui para a formação da força de trabalho, dissemina a ideologia dominante e evita a conjugação entre teoria e prática." (Sanfelice, 2009, p. 91). As normas machistas são a argamassa do edifício capitalista, desde as bases materiais até a superestrutura cultural. Questioná-las é explicitar sua arbitrariedade e fortalecer a transformação social. O corpo, presumidamente existente em si mesmo, é uma espécie de tela onde são projetadas as mais variadas normas. Tantas regulações acabam por esculpi-lo sob medida para o atendimento das expectativas sociais. Os homens, por exemplo, sofrem uma atrofia por desuso em suas glândulas lacrimais de tanto ouvirem que não podem chorar (Saffioti, 2015).

A "pedagogização do sexo da criança" (Foucault, 1988, p. 99) joga um grande papel na produção corporal. A disciplinarização dos corpos de crianças e adolescentes na escola é inequívoca:

> [...] todos os processos educativos sempre estiveram — e estão — preocupados em vigiar, controlar, modelar, corrigir, construir os corpos de meninos e meninas, jovens, homens e mulheres (Louro; Felipe; Goellner, 2013, p. 9).

A generificação dicotômica produzida pelo rígido gerenciamento das emoções, vestuário, materiais, posturas, atividades e gestos considerados pertinentes a cada gênero oprime mais os corpos não hegemônicos (Oliveira; Reis, 2020). A existência de um "terceiro gênero", dentro desse quadro normativo, está fora de cogitação.

A escola, quando se afasta do *script* prescrito pelas(os) donas(os) do poder, "[...] é censurada, mudada, reformada, e até mesmo fechada. Escola seria, pois, o aparelho ideológico do capital" (Guareschi, 2008, p. 100), e como tal é ingrediente imprescindível para consecução do programa de ação da classe dominante. Nada mais distante da realidade do que a apologia a um ensino neutro. Dizer que a educação é indissociável dos aspectos políticos é dizer pouco. A educação é toda ela política (Freire; Guimarães, 2013). A escola foi sequestrada pelo capitalismo e as(os) únicas(os) que podem resgatá-la são as(os) ativistas sociais, docentes ou não, com a sua pressão por mudanças. Muitas(os) professoras(es) são coniventes com sistema vigente porque receberam uma formação acrítica e estandardizada. Mas se algumas(ns) educadoras(es) fazem a diferença e, contra todas as expectativas, conseguem se voltar contra o *establishment*, as(os) demais também podem.

A inexecução de uma educação inclusiva sobre diversidade sexual deve-se antes à incapacidade em relacionar as teorias com a prática do que à falta de teorizações. É pelo compromisso que se articulam, na práxis, a teoria e a prática. O descomprometimento se deixa notar tanto nas práticas quase sem nenhum substrato teórico quanto nas teorias quase sem nenhuma aplicabilidade prática. A dinâmica social e a dinâmica da personalidade são indivisas: se a primeira é contraditória, a segunda também o será. Como as contradições conscientizadas são de impossível apaziguamento (Fiori, 2016), a classe dominante exerce uma escrupulosa vigilância sobre a escola, na tentativa de anular seus poderes redentores.

Cabe a todas(os) as(os) progressistas engrossar as fileiras contra as(os) que desvirtuam a educação e a direcionam a leituras fetichizadas e ideologizadas da realidade. A diversidade sexual, ao pôr em primeiro plano o conflito entre o direito de cada indivíduo sobre seu próprio corpo e o afã do mercado e do Estado em controlar os corpos individuais, pode precipitar uma revolução. É por isso que é preciso falar sobre ela, hoje e sempre.

5

(DES)RESPEITO À DIVERSIDADE SEXUAL NO AMBIENTE ESCOLAR

Este capítulo engloba três internúcleos — "abertura à diversidade sexual e de gênero no ambiente escolar", "rejeição à diversidade sexual e de gênero no ambiente escolar" e "influência do macroambiente cultural no enjeitamento à diversidade sexual e de gênero no ambiente escolar" —, que reúnem, por sua vez, 12 núcleos de significação. Com a palavra "(des)respeito", quis evidenciar a existência de um discurso ambivalente sobre a diversidade sexual no espaço escolar. A resistência dos núcleos familiares em tratar das questões alusivas à identidade de gênero e orientação sexual, muitas vezes expressa na forma de preconceito e agressões (De Cicco, 2017), eleva as expectativas para que a escola questione valores e crenças discriminatórios.

A sexualidade de crianças e adolescentes já é monitorada há tempos pelas instituições pedagógicas modernas, mas é com a epidemia de Aids que o debate sobre educação sexual nas escolas ganha força (Altmann, 2013). Esse evento foi decisivo para inclusão da orientação sexual como tema transversal nos Parâmetros Curriculares Nacionais (PCNs) (Brasil, 1997). Principal referência no que respeita a gênero e sexualidade na escola, os PCNs não conseguem realizar sozinhos tudo a que se propõem. Além de não contarem com uma adesão incondicional das escolas, talvez pela sua não obrigatoriedade, "[...] não foram acompanhados de políticas educacionais especificamente voltadas à temática da diferença/diversidade sexual." (Junqueira, 2013, p. 168). Boas intenções não bastam para liquidar a cultura homofóbica: há que ser feito um pesado investimento na produção e divulgação científica, na montagem de materiais de apoio e na formação de professoras(es).

Mesmo sendo encaminhada de forma prevalentemente biologizante, por causa da forma como foi prevista nos PCNs, a orientação sexual às/aos discentes foi um grande passo no sentido da oficialização escolar das temáticas associadas à sexualidade (Garbarino, 2021). As(os) professoras(es) puderam encontrar nesses documentos curriculares o esteio para explanar sobre a diversidade sexual e sobre a inter-relação entre a homofobia e a estrutura social (Leite; Meirelles, 2021). A supressão do tema na atual Base Nacional Comum Curricular (BNCC) ameaça esses progressos, em desconsideração aos gritantes índices de violência contra as minorias sexuais e de gênero no meio escolar (Souza Júnior, 2018).

A desaprovação da maioria da população a determinados indivíduos ou comportamentos não confere ao Estado a chancela para desatender aos direitos básicos de quem quer que seja (Oliveira Júnior; Maio, 2015). Se há um lugar onde os valores familiares podem ser contestados é a escola, que se regra por "[...] uma ética social, coletiva, baseada justamente no respeito à diversidade que existe na sociedade" (Bortolini *et al.*, 2014, p. 59). Errado não é a escola questionar os valores familiares, e sim ela deixar de fazê-lo. As várias maneiras dos indivíduos desempenharem as suas identidades perfaz a diversidade, chão da democracia e da riqueza cultural. Um mundo sem diversidade é um mundo autoritário, empobrecido e cinzento. Contra esse monocromatismo, ergue-se o multicolorido estandarte LGBTQIA+, lembrete de que a pluralidade é um dado básico da condição humana.

Uma das armadilhas do capital é o aliciamento de minorias pelo consumo. Os capitalistas descobriram na diversidade mais uma fonte de lucro, a ser explorada exaustivamente. O porém da inclusão via consumo é que ela não é para todas(os), vide o aumento da concentração de renda no mundo (Piketty, 2014). A liberdade sexual, de veículo de rebeldia, tem se transvestido em privilégio dos que estão dentro dos padrões de beleza, de riqueza e de poder estabelecidos pela sociedade. A mercantilização da sexualidade, que faz os indivíduos tratarem seus corpos e os dos outros como produtos, é grandemente oportuna ao capital, por não exibir as limitações observáveis no comércio de bens materiais (Illouz, 2019).

A demanda pelo prazer erótico, infinita porque impossível de se saciar, causa enorme comprazimento ao capitalismo. Uma sociedade em que as pessoas são aceitas na medida de seu poder de consumo não é nada saudável, mas essa aceitação condicional já se institucionalizou amplamente:

> *TM1: Só que tem uns que se supera, né... diz eu vou mostrar que eu sou forte, e vence!*

> *TM2: Eu acredito que... tem essa situação, só que como o TM1 falou, existe a questão da superação [...].*

TM2: [...] ele foi selecionado para fazer mestrado, mas ele teve apoio de alguém para chegar onde ele chegou. Ele trabalhou com a TF1... mas ele teve apoio. A mãe dele que não apoiava ele, no caso. Até a idade dele assim chegar... ele mesmo conseguiu buscar as coisas que ele queria. Fez história, fez matemática e fez pedagogia. Três faculdades. Foi selecionado para fazer o mestrado agora, dá aula em duas escolas do estado, e numa escola particular... matemática.

TM2: Às vezes ele me ligava à noite chorando por causa de situações que ele vivenciava [...] e no dia seguinte enfrentava de novo os desafios que vinham pela frente.

TF1: "Só tem um jeito de tu mostrar teu valor, é estudando, sendo bem sucedido!" Infelizmente eu tenho que dizer isso para ele. Por que quando for bem sucedido e com dinheiro, vai poder olhar para o pessoal e dizer "a minha vida sexual é minha. Você não tem nada a ver com isso." [...].

TF1: [...] às vezes alguns escondem que são porque sabem que não serão aceitos pela sociedade, aceitos pela família... e se escondem. Até poderem financeiramente se assumir. Tem gente que diz assim "Fulano, agora com 20 anos 'aviadou', deixou de ter vergonha na cara e virou viado". Gente, não virou! Era! Apenas chegou o momento de poder se assumir [...].

Essas falas contêm um discurso de responsabilização do indivíduo pela sua própria sorte, num claro sinal dos tempos neoliberais. É paradoxal que várias(os) dissidentes sexuais adiram a um sistema que coloca tanta ênfase na heterossexualidade e na família nuclear (Nunan, 2015). O mercado gay, ao fim e ao cabo, agrava a discriminação, pois as(os) que estão fora dele tendem a ser consideradas(os) incompetentes e/ou acomodadas(os). A posição marginal das pessoas trans na comunidade LGBTQIA+, por exemplo, é uma repetição de sua marginalização na sociedade mais ampla. Por anos seguidos, o Brasil ocupa a primeira posição no ranking dos assassinatos de pessoas trans no mundo, o que colabora para que a expectativa de vida das travestis e transexuais femininas seja de cerca de 35 anos de idade, menos da metade da média nacional (Benevides; Nogueira, 2021).

Para que tragédias desse jaez terminem, é improrrogável conciliar a diferença e a igualdade. Descobrir qual delas é a mais sobressalente é defrontar-se com um dilema semelhante ao da pergunta: quem surgiu primeiro, o ovo ou a galinha? Uma não existe sem a outra: na atualidade, as identidades hegemônicas são o sustentáculo das desigualdades. A diferença perturba tanto porque estremece posições subjetivas nas quais se baseia a distribuição social de recursos. A heterossexualidade

> [...] desfruta desse privilégio de não-marcação, a possibilidade de confundir sua própria construção identitária particular com a humanidade, de apresentar essa construção singular como modelo e norma universais, "verdade divina" – em uma frase, tomar a parte pelo todo. Ser obrigado a reconhecer que existem pessoas diferentes de si mesmo, e que essa diferença não é sinônimo de inferioridade e anormalidade, pode ser uma fonte de desconforto na medida em que desestabiliza as certezas que davam suporte à sua percepção do mundo e de si mesmo (Natividade; Oliveira, 2013, p. 116).

O processo de hegemonia, pelo qual as classes dominadas tomam como seus os valores das classes dominantes (Gramsci, 2002), mostra as limitações de conceitos como "lugar de fala", concebido para conceder mais voz a grupos historicamente marginalizados (Ribeiro, 2017). O sofrimento experienciado por um sujeito, evidentemente uma alavanca de conscientização, não certifica, por si só, a possessão de uma sensibilidade social mais acurada (Britzman, 1998). Diferente do Barão de Munchausen, que içou a si mesmo de um pântano pelos próprios cabelos (Raspe, 2014), as(os) oprimidas(os) não podem prescindir de um ponto de apoio para se libertarem. Essa escora é a mediação educativa, apta a detalhar os enleios entre as realidades particulares e a totalidade social.

Cientificar as(os) estudantes das estruturas opressivas é pouco: é necessário conferir uma orientação propositiva à discussão social. Afinal, "[...] o desvelamento da realidade não é necessariamente um motivador psicológico para sua transformação" (Szymanski, 2011, p. 42). O *zeitgeist* contemporâneo é definitivamente resignado. Em qualquer plataforma de *streaming,* pululam filmes e seriados distópicos, sinal de que hoje imagina-se com muito mais facilidade o fim do mundo do que o fim do capitalismo (Fisher, 2020). Isso não apaga a "vocação para o ser mais" (Freire, 2015), que pode ser uma mola propulsora para grandes transformações sociais. Ante os panoramas da vitória do socialismo ou do fim da civilização (Luxemburgo, 2018), não há margem para qualquer vacilação.

DIVERSIDADE SEXUAL À LUZ DA PSICOLOGIA SÓCIO-HISTÓRICA

Ao invés de serem alheias aos conflitos de classe que atravessam a sociedade, as teorias e práticas educativas "[...] articulam ou reproduzem a manutenção da ordem estabelecida ou se afirmam na desarticulação e transformação da mesma" (Frigotto, 2003, p. 154). O conservadorismo educacional é o resultado da submersão da escola num modelo social formado nos últimos séculos que reage com impiedade em caso de ser contraditado. Ultimamente, acumulam-se os relatos de educadores perseguidos por não se aterem à biologização da sexualidade, ainda imperante. Os constrangimentos vão desde a exposição indevida nas redes sociais até demissões (Matuoka, 2017).

O único consolo nisso tudo é o desmascaramento de um sistema de dominação antes velado. A beligerância explode como um vulcão em erupção e, juntamente com prejuízos de grande monta, volatiza a imagem afável que os brasileiros têm de si mesmos, o que é até animador, porque sociedades que não escamoteiam suas divisões internas são mais equilibradas do que aquelas que as negam (Andrews, 1985). A cultura heterossexual burguesa é hegemônica porque consegue impor-se sobre as demais manifestações culturais, mas contém fissuras que podem ser expandidas pela ação contra-hegemônica. Sua afirmação sem peias da concorrência vai contra a natureza gregária da humanidade. Através da educação, as pessoas podem tanto domar a predisposição a discriminar quem está fora de seu grupo quanto ampliar seu círculo moral.

A redução pós-moderna do conhecimento à política e à conflitualidade a ela inerente não só exclui a possibilidade de apreensão conjunta da realidade objetiva, como também veda o entendimento entre os diferentes grupos sociais. Com a finalidade de deter a diluição das forças sociais e políticas num agregado discursivo, insta grifar, dialética e dialogicamente, "[...] a correlação entre o pensamento conceitual, o mundo material e objetivo, e a ação prática concreta dos homens." (Ruy, 2011, [n.p.]). A pedagogia que opta pela transformação da sociedade deve, mais que conscientizar os oprimidos sobre a existência da opressão, tê-los como "[...] preparados para entender os significados de uma sociedade opressora, de um Estado opressor, porque ninguém melhor que eles, sente os efeitos do autoritarismo" (Arroyo, 2019, p. 17).

A forma como se ensina conta mais que o conteúdo: a arrogância ao ensinar realça a obrigação social e a humildade do educador maximiza a criatividade. É dessa última que se carece para sepultar práticas sociais entranhadas no sistema de ensino que privilegiam a obediência em detrimento da imaginação. A lição que subjaz no diálogo educativo é que as relações sociais podem ser mais horizontais e menos violentas. Os índices alarmantes de violência escolar vêm abalando a imagem da escola como um espaço protegido e seguro. Em 2019, 81% das(os) estudantes e 90% das(os) professoras(es) das escolas estaduais paulistas souberam de casos de violência em suas instituições no ano anterior (Souza, 2019). O ambiente escolar tem se mostrado perigoso para as(os) estudantes em geral e para as(os) estudantes LGBTQIA+ em particular.

As agressões que não sejam físicas, comumente minimizadas e julgadas como brincadeira, são um componente primário do que Meyer (1995) nomeou como estresse de minoria, modelo que sobrepuja a explicação biológica e/ou individual do estresse para vê-lo como o produto de um quadro circunstancial em que se sobrelevam as ideias e hábitos seguidos pela maioria. A exposição contínua a estressores gera efeitos cumulativos na população LGBTQIA+ e a predispõe mais à ansiedade, depressão, uso abusivo de drogas e tentativas de suicídio (Cerqueira-Santos; Azevedo; Ramos, 2020). As(os) alunas(os) LGBTQIA+ deparam-se diuturnamente com as constrições elencadas na Escala de Preconceito e Discriminação — antilocução, evitação, discriminação, ataque físico e extermínio (Allport, 1979) —, tendo de suportar de sorrisos maldosos e sussurros maledicentes até a ameaça de eliminação física.

O maior sucesso escolar daquelas(es) que mais se aproximam dos padrões socialmente instituídos e as taxas maiores de fracasso das(os) que se distanciam desses padrões — negras(os), pessoas com deficiência, homossexuais etc. — não são casualidades, e sim índices da maestria capitalista em transformar diferenças em desigualdades. No caso das pessoas trans, um estudo indicou que 82% delas não conseguem finalizar seus estudos (Almeida, 2016). O silêncio da escola acerca da violência tem um vezo curricular, porquanto ensina aos membros dos diferentes grupos sociais que posições devem ocupar na sociedade. O alinhamento da escola ao capitalismo faz dela "[...] um filtro entre a casa e o mercado de trabalho. Ele define alguém como normal ou desviante e essas definições de desvio correspondem aproximadamente às necessidades da economia fora da escola" (Apple, 2012, p. 40).[25]

---

[25] No original: "[...] acts as a filter between the home and the labor market. It defines one as normal or deviant and these definitions of deviance roughly correspond to the needs of the economy outside the school."

A sexualidade é primacial à composição da identidade e da personalidade (Campos *et al.*, 2013). Incumbe à escola — sítio de experimentação de novas relações, de autoconhecimento e de conhecimento do sexo oposto — promover atitudes que favoreçam o exercício saudável da sexualidade. Ela é um ambiente plural e, por isso mesmo, contraditório, em que se misturam a diversidade e os preconceitos culturais. O fomento da interpessoalidade na escola pode alicerçar relações sociais mais pacíficas, pois sendo "[...] um espaço disciplinador e normatizador os costumes nele reproduzidos são agregados e incorporados por um coletivo de pessoas" (Andrade; Lima; Gomes, 2018, p. 4).

Para que a tutela das(os) alunas(os) LGBTQIA+ não fique à mercê do humor dos demais membros da comunidade escolar,

> [...] os profissionais de educação devem proteger a ideia de que não existe uma relação direta e única entre anatomia e gênero, nem entre gênero, identidade sexual e orientação sexual (Matos, 2021, p. 27, tradução minha).[26]

Ser estigmatizado como anormal é a consequência mais imediata da inadequação às normas, correspondentes "[...] a todos os produtos da interação do grupo que regulam o comportamento dos membros em termos do comportamento esperado ou mesmo ideal" (Sherif *et al.*, 1988, p. 9, tradução minha).[27] Algumas normas sociais duram pouco tempo, outras vigem por muitas gerações, mas nenhuma delas é eterna. Contestar as regras sobre sexualidade é colaborar para que fatos lamentáveis como os descritos nas próximas linhas não se repitam:

> AM1: *É... exatamente, eu não acho que sim, eu tenho certeza que sim, que realmente acontece, né. A pessoa, atrapalha muito no rendimento escolar... a pessoa, às vezes por isso, se acha que é uma pessoa exclusiva, acha que está sendo exclusa de tudo, se acha assim de outro mundo que é totalmente diferente, e não é, né. Às vezes muitas pessoas acabam pegando até depressão por causa dessa situação.*

> AM2: *[...] eu acredito que possa causar muitos problemas, problemas graves. Até mesmo levar a depressão e suicídio, como eu já havia visto em vários casos anteriormente.*

---

[26] No original: "[...] os profissionais de educação devem proteger a ideia de que não existe uma relação direta e única entre anatomia e género, nem entre género, identidade sexual e orientação sexual."

[27] No original: "[...] to all products of group interaction that regulate members' behavior in terms of the expected or even the ideal behavior. Therefore, norm does not denote average behavior."

AF1: Sim, sim. Eu acho que afeta muito a vida do aluno quando acontece uma coisa dessas, como a AF2 estava falando desse nosso amigo, ele teve que mudar de grupo de colegas, porque os amigos dele não aceitaram ele, quando ele se revelou quem ele era realmente, e eu acho, acho não, tenho certeza, que isso mexeu muito com o psicológico dele. Certamente ele perdeu a vontade de ir para a escola, pois os seus próprios amigos, tipo, de anos, ter rejeitado a sua sexualidade. Independente da religião a gente tem que respeitar.

TF1: Para minha tristeza, infelizmente, não mudou tanto não. Esse ano eu, com o meu neto, eu já tive que ir ao Ministério Público, não foi nem uma, nem duas vezes. Esse ano, nas duas semanas de aula dele, ele sofreu preconceito dos colegas e dos professores. E eu tive que acionar o Ministério Público porque a coordenadora... primeira vez que eu fui lá, ela me pediu paciência, que ela ia conversar e resolver. Não fez nada. Fez inclusive constrangimento, porque no dia que ele foi matriculado foi a primeira coisa que eu comuniquei a escola... "ele é trans, tá aqui o documento dele". Ainda estava na certidão de nascimento, ainda era E., mas RG e CPF já era N. Mas, a escola sabendo de tudo ainda botou lá na chamada: E. Agora ele chega lá todo homenzinho, e na hora da chamada... quando ele foi questionar o professor, o professor ainda veio, né... A escola está sendo processada, por mim, pelo constrangimento que causou ao meu neto, por causa do preconceito que ele sofreu. E isso tudo, não tem noção do impacto psiquiatricamente falando, ele teve que aumentar a dose de medicação. O recuo dele de querer se suicidar foi absurdo!

É enganoso pensar que a discriminação homofóbica é um problema só para as(os) alunas(os) com sexualidade diferenciada, em vista de seus impactos negativos sobre todo o grupo escolar (Furlanetto *et al.*, 2018). Ela cria uma atmosfera angustiante que deixa todas(os) apreensivas(os). Muitas(os) alunas(os) se deixam contaminar pelo clima hostil e canalizam essa agressividade às(aos) colegas, professoras(es) e funcionárias(os) da instituição (Barbieri; Santos; Avelino, 2021), além de poderem carregá-la por toda a vida. A prejudicialidade da homofobia foi notada tanto pelas(os) discentes quanto pelas docentes:

AF2: [...] tem até exemplo na escola, na minha sala também, quando ocorreu esse caso de homofobia, não afetou só ele mas também as pessoas que eram próximas a ele. Por exemplo, eu vou usar eu como exemplo, eu não era tão próxima dele assim quando ocorreu. Eu não vou falar o nome porque é meio... mas

> quando ocorreu isso ele ficou bem mal, ele teve acompanhamento psicológico. Ele meio que entrou quase em depressão e isso afetou tanto ele que acabou afetando a mim também. E a minha mãe quis até me tirar da escola porque foi um caso que, tipo, não foi um "casinho" de homofobia, foi um caso que gerou... sei lá, sabe, não sei nem falar.

> D2: [...] essa história que eu relatei do aluno aí, ele é um excelente aluno, e aí quando começou a ter os problemas dele da sala de aula, ele caiu muito. Não só ele, mas também os coleguinhas que achavam que o que ele estava fazendo era pecado. Parece que ele estava mais ocupando a mente deles do que...então o rendimento escolar caiu muito, muito, muito. Ele já não fazia os trabalhos porque ele não queria ingressar nos grupos, ele sempre queria fazer o trabalho só... aí quando fazia o trabalho só, fazia o trabalho de qualquer jeito.

Constatei na escola pesquisada uma focalização individualizante da violência, que destitui os casos de sua dimensão histórica (Sousa, 2008). O acento grupal de fenômenos como o *bullying*, a homofobia e o *bullying* homofóbico reclama que os programas de prevenção contra eles se dirijam mais a grupos, escolas e turmas do que a indivíduos (Pereira *et al.*, 2015). Em vez de atinar como as desigualdades sociais existentes no modo de produção capitalista repercutem nos incidentes escolares, a escola tem transferido ao indivíduo o equacionamento de aspectos de cunho social e coletivo:

> G2: [...] e quando tu faz a pergunta parece que muda... "eu não quero mais estudar porque o meu amigo me chama de Kashi-nawa". "Mas você não é?". Então tem toda a forma de como abordar... "eu quebrei o nariz da Fulana e da Beltrana porque elas me chamaram de Índia". "Você não é Índia?". Você é Índia. Você é filha de índios. "Qual é seu sobrenome?" "Kashinawa". Então? "Vamos estudar isso! Por que você está com vergonha? Você tem que ter orgulho!". Aí eu estava... uma pulseira indígena, um absurdo, tu não tem noção de quanto é que é uma pulseira kashinawa! E a gente está aqui tentando muitas vezes... esses problemas não resolvidos, aqui na escola.

> G1: [...] "eu bati nele por que ele me chamou de neguinho"... "mas, qual é a cor da tua pele?"... aí é toda uma abordagem. Pessoas morenas são indígenas, são isso, é aquilo...

Por óbvio, as(os) alunas(os) não se irritaram por serem chamados de um nome ou de outro, mas por causa da forma como suas/seus colegas se dirigiram a elas(es). Julgamentos e valores morais se expressam acima de tudo em indicadores não verbais (Paula, 2019). As resoluções dos casos estipuladas pelas gestoras passam a impressão de que, caso as(os) alunas(os) discriminadas(os) acalentem uma imagem positiva de si mesmas(os), tudo estará resolvido, obliterando que a garantia de direitos é uma questão sistêmica e não individual. A ressignificação de palavras e de expressões ofensivas, expediente utilizado pelas minorias oprimidas em suas lutas históricas, abrandou a tonalidade depreciativa original de vocábulos como "gay" e "*queer*".

A permanência da homofobia é um indício de que mudanças no plano da linguagem não têm o condão de erradicar todo o problema. Isso lança dúvidas sobre a conveniência política de movimentos como a "Marcha das Vadias", iniciada em Toronto, Canadá, quando, em uma palestra na Universidade de York, um segurança, invertendo a responsabilidade pelos estupros, afirmou que as mulheres evitariam ser violentadas se não usassem roupas provocantes (Tavares, 2020). A marcha, que tenta agregar positividade ao substantivo "vadia", foi duramente criticada por um aluno:

> AM2: [...] o feminismo em si é 100% certo, 100% do tempo, eu fiquei surpreso em tu está falando isso, mas... porque eu vejo constantemente, que às vezes o feminismo ele é, simplesmente estúpido, em muitas questões. Eu estou falando isso não como machismo, ou qualquer coisa parecida, pelo contrário, eu mesmo vi sobre feminismo. Eu estudei sobre feminismo com a minha irmã. Ela me ensinou! E dessa visão aí, existe mesmo um grande problema na sociedade, que ela ainda é muito machista, ainda dá mais valor aos homens e coisas parecidas... concordo plenamente com quase tudo que vai contra os homens. Porém, o que me dá raiva, que eu olho assim no noticiário e eu vejo, tipo: "mulheres vão às ruas nuas", simplesmente falando que querem respeito. Que não querem ser tratadas como palhaças... pintam os cabelos de várias cores diferentes para chamar atenção... é... minha mãe, minha tia e minha irmã, eu vivo com as três, e as três são feministas desde que elas se conhecem, e elas odeiam isso. Aquela ali é uma afronta, na minha opinião, a uma grande porção das mulheres que realmente lutam pelos direitos. E aquilo faz o movimento feminista parecer besta e infantil, por mais que seus ideias sejam sólidos e busquem um alvo bem maior. É só isso mesmo.

O aluno, sem embargo das referências elogiosas ao feminismo, transparece um moralismo inclemente. Coletivos feministas marxistas também criticam a marcha, mas por outros motivos: no seu sentir, ela não problematiza a divisão sexual do trabalho e se concentra demais na autonomia do corpo (Gomes; Sorj, 2014). Vale a pena trazer à colação a seguinte prédica, integralmente ajustável ao movimento LGBTQIA+: "Quem é feminista e não é de esquerda, não tem estratégia. Quem é de esquerda e não é feminista, não tem profundidade..." (Luxemburgo, 2018, p. vii, tradução minha).[28]

As transformações provocadas pelas ações políticas culturais são da ordem do simbólico e não conseguem reverter com a rapidez necessária em favor das pessoas em situação de privação material. O aluno AM2 usa uma adjetivação muito forte para censurar a marcha, mas nada diz sobre a objetificação da figura feminina, contra o qual muitas mulheres decidiram protestar usando sua própria nudez. Com o conceito de objetificação, Mulvey (1996) pretendeu desocultar a prática usual no cinema, no teatro e em outros espaços midiáticos do corpo feminino ser retratado do ponto de vista masculino, como um objeto de prazer. A liberdade corporal pleiteada pelas mulheres na marcha é um antídoto contra a violência generalizada na sociedade em desfavor do gênero feminino.

Em uma pesquisa divulgada em 2021, 51,1% das(os) respondentes disseram ter visto algum tipo de situação em que mulheres foram expostas à violência no seu bairro ou comunidade ao longo dos últimos 12 meses (Bueno *et al.*, 2021). O mesmo se dá com a violência homofóbica. Em levantamento nacional realizado entre 2015 e 2016, que contou com a participação de 1016 estudantes LGBTQIA+, descobriu-se que 73% delas(es) foram agredidas(os) verbalmente no último ano e 36% fisicamente (Associação Brasileira de Lésbicas, Gays, Bissexuais, Travestis e Transexuais; Secretaria de Educação, 2016). A violência, injusta por si mesma, é ainda mais detestável na escola, que é, a toda evidência, um espaço de cuidado.

A escola é apenas parte da cultura e não é certo superestimar sua influência. A lei educa, a religião educa, a família educa, a mídia educa, os movimentos sociais educam — falta saber se aquilo que ensinam é recomendável ou não. As(os) gestoras(es) educacionais, professoras(es) e técnicas(os)-administrativas(os) muitas vezes retransmitem às(aos)

---

[28] No original: "Quien es feminista y no es de izquierdas, carece de estrategia. Quien es de izquierda y no es feminista, carece de profundidad..."

alunas(os) os valores burgueses dos quais são reféns. O mesmo estudante que deplorou a "Marcha das Vadias" reagiu energicamente quando, em determinado momento do grupo focal, fiz menção à esquerda:

> P: Essa crítica que você faz ao feminismo a gente pode fazer à esquerda também, a qualquer tipo de movimento, todos têm vantagens e desvantagens.
>
> AM2: Por favor, não vamos chegar no político aqui que é compli... a política é um assunto que eu não gosto muito.
>
> P: Ah, entendo... é, isso que você falou é política. Tudo isso que a gente está falando aqui. Mais alguma coisa, AM2?
>
> AM2: Não, não. Pode passar a vez mesmo. Só queria acrescentar um pouco mais e expressar parte da minha opinião.

A aversão do estudante à política revela um certo fechamento do ego, parecido com o de alguns pais que nem querem ouvir falar sobre diversidade sexual. Ninguém se educa se não consegue distanciar-se reflexivamente de si mesmo, daí a importância da(o) educadora(or). Ocorre que "[...] o próprio educador tem de ser educado" (Marx, 2007, p. 537-538), e se o Estado não o faz, porque não lhe interessa a formação de cidadãs(ãos) críticas(os), cabe aos movimentos sociais progressistas fazê-lo. Escola e sociedade são como vasos comunicantes: as agitações verificadas na segunda ressoam na primeira. A direita patriarcal tem ganhado a batalha por corações e mentes na escola, mas os movimentos LGBTQIA+ e das mulheres podem dar a volta por cima, desde que entendam que seu inimigo comum é o patriarcado capitalista.

Enquanto esses coletivos não convergirem num projeto feminista, anti-homofóbico e classista, continuará a ocorrer a cisão entre as dimensões ética e cognitiva do ato educativo, tal como sugere o aluno no trecho subsequente:

> AM2: Em questão da educação hoje em dia, minha tia, ela é quase uma irmã para mim, que ela tem a idade da minha irmã... ela é pedagoga e com ela do meu lado eu consegui, tipo, perceber o quão falha a educação moderna hoje é. Porque... crianças que no terceiro ano estão vendo conteúdos que eu lembro de ter visto no pré um! Tem crianças no terceiro ano que ainda está aprendendo o alfabeto de cabeça. Que não sabe contar até 100. E na minha opinião, primeiro tem que ser resolvida a própria educação em

si, antes de ser resolvida qualquer assunto que possa melhorar a qualidade do estudante. Primeiro melhorar a escola, antes de melhorar o estudante.

A pulverização do conhecimento pregada pelos paradigmas educacionais conservadores barra a confrontação dos interesses capitalistas e incensa uma lógica competitiva. A melhoria da escola e dos seus agentes são processos que podem andar *pari passu*, mas o aluno, imbuído de uma visão tecnicista da educação, prefere apartá-los, compartimentação que posterga a formação integral para as calendas gregas, dado que os recursos para o ensino público minguam a cada dia (Mazieiro, 2019). Em vários momentos, o trabalho com a diversidade sexual foi condicionado a alguma outra variável, como fizeram as(os) técnicas(os) administrativas(os), ao se referirem à tentativa de distribuição do kit anti-homofobia, em 2011:

> *TM1: O que eu discordei, o que eu discordo da cartilha... é simplesmente assim, eu acho que assim, ela poderia até existir e ser lançada... só que tem que ter uma preparação com o professor. [...] conversas ao mesmo tempo.*

> *TM2: Joga na mão da criança e não explica nada!*

> *TF3: A minha opinião é aquela. Primeiro preparar a criança para receber a cartilha... porque... ela vai pegar e vai interpretar até mais... totalmente preparados nunca vamos ser, nós, como servidores públicos... educador, porque do portão para dentro todo mundo é educador. Tem obrigação de ser e de respeitar as pessoas do jeito que elas são. Mas eu... sinceramente, principalmente com os primeiros anos, o professor tem que ter a preparação... para depois a cartilha. Não jogar na mão de aluno, porque eles vão interpretar do jeito que eles acham que devem.*

Ao dizer que a cartilha "poderia até existir", TM1 demonstra sua contrariedade com a distribuição do material, admitida muito a contragosto. Por ironia, os materiais didáticos do programa "Escola sem homofobia" visavam precisamente preparar as(os) docentes para um melhor desenlace das questões relativas à orientação sexual e seria entregue preferencialmente àquelas(es) que já tivessem passado por cursos sobre diversidade de gênero (Neves, 2011). O veto da presidente Dilma Rousseff à iniciativa, depois da forte reação conservadora chefiada pela Frente Parlamentar Evangélica (Miskolci; Campana, 2017), não encerrou a polêmica.

Em entrevista ao Jornal Nacional, na eleição presidencial de 2018, o então candidato Jair Bolsonaro exibiu o livro *Aparelho Sexual e Cia* e afirmou que ele teria sido distribuído no famigerado "kit gay", informação que, apesar de falsa, fez um grande estrago na candidatura petista (Rodrigues, 2019). As(os) técnicas(os) administrativas(os) acataram sem maiores titubeios a versão bolsonarista:

> *TF2: [...] deixa a criança descobrir! Pra quê estar estudando e vendo um papel sem sentido... o aluno vê lá, sente vontade e vai no banheiro e faz com o outro. Eu não concordo não de ser distribuído esse negócio aí. Sinto muito, mas a minha opinião é essa.*

> *TF3: Discordo totalmente, uma coisa é ter um estudo, o professor passar da forma mais certa possível. Outra coisa é expor uma cartilha... ele vai aquela cartilha com imagens, né... e ele vai interpretar do jeito que ele achar que é o certo. Eu acho isso muito polêmico...*

As duas técnicas se alinham com a coalizão conservadora que tacha a educação sexual "[...] como educação para o sexo e não sobre o sexo" (Apple; Oliver, 2004, p. 412, tradução minha).[29] O pano de fundo do moralismo sexual é a preservação de padrões vetustos de moralidade familiar e religiosa, que o capitalismo soube adaptar aos seus desígnios. Causa estupefação que a maioria da população considere perversa a liberdade sexual, mas não a regulação da sexualidade. A obsessão — de direita ou de esquerda — com o sexo é conservadora, porque faz as pessoas olharem para o individual e perderem a perspectiva do coletivo.

Destarte, o capitalismo ganha tanto com a permissividade sexual quanto com a repressão. "Deixar a criança descobrir", como recomenda TF2, é desprotegê-la dos riscos associados à sexualidade, que não são apenas biológicos, destaca uma aluna:

> *AF2: Quando a gente tratou sobre as partes do corpo, essas coisas, eu acho que também deveria ser falado sobre o assédio. Porque eu acho que é um ponto também que a gente fala pouco, porque sempre quando a gente estuda sobre partes do corpo, sobre alguma coisa relacionada a alguma coisa sexual, só falam tipo "Ah, se tiver relação sexual usa camisinha", mas não fala por trás, sabe, o que ocorre, o que acontece. Então eu acho que para mim, homofobia e assédio deveria sim ser um tópico.*

Embora haja um relativo consenso de que o termo "orientação sexual" é o mais adequado para designar o relacionamento de pessoas

---

[29] No original: "[...] como educación para el sexo y no sobre el sexo."

do mesmo sexo, de sexos opostos ou ambos (Silva, 2020), a maioria dos participantes não se mostrou a par dessa informação, descurando que a orientação sexual "[...] não depende de escolhas conscientes nem pode ser aprendida" (Brasil, 2011, p. 15):

> G1: Então o preconceito, assim como o preconceito de negro, do aluno especial, é muito mais difícil de lidar com preconceito de opção sexual [...].

> G2: A gente leva meio que na brincadeira, mas é muito sério. E se for de um outro gênero? Uma opção sexual diferenciada? E isso são as nossas famílias [...].

Não poderia deixar passar em branco a fala de uma professora que, mesmo sem usar o termo "orientação sexual", verbaliza os princípios desse conceito:

> D3: Mas no momento elas viveram aquilo e afetou muito o rendimento dessa menina... era uma princesa na escola, era, além de muito bonita, muito inteligente. E assim, afetou muito mesmo. E o que a gente sente, é assim, que quando a família não dá o apoio devido, a família é contra, a família rejeita totalmente aquilo como se fosse assim uma coisa bem abominável, uma coisa que... eu tenho dificuldade para falar essa palavra "opção", porque eu acho que não é opção, não é... ela só tem que se aceitar da forma como ela é.

A empatia da professora atesta que a função da escola não se esgota na reprodução da ordem instituída: "Por mais impregnada de ideologias que ela esteja, é possível construir em seu bojo um pensamento que seja capaz de desacomodar o ideário dominante" (Barbosa, 2004, p. 81). Nas frestas do modelo de desenvolvimento capitalista, pulsam valores que podem impulsionar a insurreição socialista. Isso transcorre porque os sistemas sociais, transladados para a mente dos indivíduos, assumem a forma de sistemas psicológicos em conflito (Almeida, 2008).

Por serem seres racionais, as pessoas não apenas comportam as contradições do real em suas mentes, elas tentam eliminá-las, e nesse processo fazem história. Para acelerar a transformação social, impende à(ao) docente problematizadora(or) aguçar a consciência dessas contradições. O fragmento posterior é exemplar de como um mesmo sujeito pode sustentar opiniões que se contradizem:

> *AM2: A questão do respeito, pelo o que eu já vi nas notícias, na televisão, em artigos, sempre falando da questão da comunidade LGBT, como ela sempre é reprimida. Por mais que hoje em dia as pessoas estejam semeando tanto para aumentar o respeito por essas pessoas, para mostrar que elas não são nem um pouco diferentes que... é uma loucura tudo que acontece. Eu infelizmente tenho que admitir que nós não vamos poder mudar nada atualmente. Em alguns anos isso vai ser, provavelmente, só um evento bárbaro que ocorreu, de pessoas que estão sendo mortas, estão sendo abandonadas pelas suas famílias... apenas por causa disso.*

Esse aluno, que se manifestou com tanta emotividade, é o mesmo que condenou a Marcha das Vadias e que se sobressaltou com a palavra "esquerda". Mas mesmo essa última passagem contém vestígios de resignação — "[...] infelizmente tenho que admitir que nós não vamos poder mudar nada atualmente" —, como se a homofobia fosse um fenômeno de geração espontânea e não uma construção histórica. Essa sujeição ao existente é um reflexo da ingerência capitalista na educação, que se faz sentir especialmente na defesa de um programa educativo que, ao homenagear valores gerais, como a tolerância, a imparcialidade e o respeito, serve à dissimulação dos interesses burgueses (Suchodolski, 1976).

Com fulcro nessa arenga universalizante, as(os) professoras(es) progressistas são acusadas(os) de utilizar sua liberdade de cátedra para corromper a juventude (Fernandes; Ferreira, 2021). A imagem descredibilizadora das(os) docentes como "doutrinadoras(es)" e/ou "militantes" foi externada por um técnico-administrativo: "O que acontece na maioria das escolas... o planejamento dá alguma coisa e o professor dá o que ele quer, é a ideologia dele, o que ele pensa sobre determinado... impõe as suas vontades" (TM2). Esse profissional parece esquecer-se das vontades da classe burguesa incrustadas no currículo.

A grande diferença entre a educação socialista e a educação nos moldes burgueses é que a primeira quer resolver os problemas sociais, atacando suas causas, enquanto a segunda tenta, no máximo, suavizar alguns efeitos da exploração capitalista:

> Na análise dos ideólogos e pesquisadores burgueses, como é recorrente partir do pressuposto de que as relações sociais da sociedade capitalista são de tipo natural e, portanto, inquestionáveis, sempre se fixam em enfrentar os efeitos produzidos por estas relações e não elas próprias como

relações de poder e de forças produtoras da desigualdade (Frigotto, 2017, p. 26).

As fronteiras entre a tolerância e a intolerância não são bem tracejadas. Quando se afirma que se tolera algo, quase sempre mal se consegue suportá-lo. O sumo da tolerância intolerante — ou vice-versa — é a frase "Não tenho nada contra, mas...", à qual se costumam seguir os maiores despautérios. As(os) técnicas(os)-administrativas(os), ao falarem do respeito às diferenças, pareciam estar mais motivados por uma obrigação do que por um sentimento genuíno:

> TF2: *Eu me dou bem com o trans, como vocês dizem aí, eu me dou bem com todo mundo, entendeu? Se é para viver aqui do meu lado trocando ideia, eu sou amiga, não vou é dizer "não, tu fica para lá porque tu é isso, não quero nem papo". Muito pelo contrário, eu quero é trocar ideia, quero ser amigo, entendeu? Não vou excluir aquela pessoa porque ela é isso, não vou. Muito pelo contrário, eu vou amar mais ainda, vou respeitar a decisão. Quem sou eu para querer julgar ninguém, porque o julgamento vem de Deus... aí é com Deus, Deus é que vai julgar cada um pelos seus atos. Cada um se vira do jeito que achar melhor. Então é assim, minha opinião é essa. Cada um faz o que quer... eu não quero é para mim, né?*

> TF3: *[...] eu tenho dois filhos, e o que eu sempre explico a eles: o respeito. Independente da pessoa, da situação, o respeito para mim é acima de tudo. Tem que respeitar a pessoa do jeito que ela é. Se você não gosta de estar perto, você se afaste, mas não critique, não julgue, você não tem esse direito. Eles são bem conscientes disso.*

> TF2: *Isso é um assunto muito complicado, né! É tipo assim, eu respeito a posição de cada um, a decisão de cada um... é uma coisa que eu não quero para mim, mas eu respeito! A pessoa é livre, né, todo mundo é livre para fazer o que quer da vida! Eu sou daquela que, eu vou dentro da palavra do Senhor, né, que lá está escrito "o homem e o homem, mulher com mulher", eu sou desse tempo, dessa época aí, me perdoe, né, mas eu respeito a opinião de todos, eu respeito a opinião de quem quer ser... eu estou aqui na minha. Eu faço o que eu acho certo para mim, entendeu? Cada um faz o que é certo e acabou!*

O "respeito" aventado por TF3 descansa numa compreensão estática das diferenças, como se as pessoas não mudassem umas às outras nos contatos que mantêm entre si. Mais que respeitar a diversidade, deve-se compor com ela (Silva, 2002). Quando TF2 diz que "[...] respeita o trans, como vocês dizem aí [...]", é cristalino que ela não concorda com a ideia de que uma pessoa possa não se identificar com o gênero que lhe foi atribuído ao nascer. Com as palavras "[...] eu estou aqui na minha. Eu faço o que eu acho certo para mim, entendeu? Cada um faz o que é certo e acabou!", extravasa sua insatisfação por ter sido retirada, ainda que por breves momentos, da zona de conforto de suas crenças. Ela inclusive chegou a agir provocativamente com uma técnica avó de um homem trans:

TF2: Eu não sei o que é um trans.

TF1: Eu já te expliquei um monte de vezes!

TF2: Mas não entrou na minha cabeça!

Em outras palavras, não é que ela não sabia o que é uma/um trans, o que ela não quis foi admitir que a transgeneridade é tão legítima quanto a cisgeneridade. A tolerância também "[...] pode marcar uma certa superioridade de quem tolera" (Mantoan, 2003, p. 19), como se extrai do próximo depoimento:

TM1: Eu trabalhei 19 anos no transporte coletivo e lá tinha muita... sapatão, na linguagem mesmo... e elas sofriam muito preconceito. O outro celular que eu caí com celular na água...tinha umas gravações que a gente teve, que foi informado tudo para o pessoal daqui e com a empresa. E tinha um relato... elas me elogiavam muito pelo respeito que eu tinha por elas, que se eu tivesse eu ia mostrar para vocês, como é importante... e, eu entrei em conflitos... conflitos não de briga, mas para defender elas mesmo. Porque elas eram profissional, era motorista, era cobradeira, mas todo mundo tem seu direito de ser o que é. E elas diziam "Olha, TF1, a gente agradece muito o respeito que tu tem pela gente." Digo "Minha filha, todo mundo merece respeito! Todo mundo. Por que que eu vou te de desrespeitar pela tua opção? Pelo o que tu escolheu ser? Eu não posso fazer isso! Eu tenho que te respeitar. Trabalho digno. Tu trabalha comigo... o tempo que for preciso eu vou te respeitar normalmente. Você para mim é uma pessoa normal como outra qualquer." Então eu não tenho discriminação! "Ah por que não vou trabalhar com fulano. Porque ele é gay", não, vamos trabalhar juntos, vamos trabalhar juntos! Vamos tocar nossa vida. Você nasceu assim, então é assim que você vai viver. Eu vou poder a mudar vida dele? Não! Não tenho esse direito. Não adianta eu conversar, dizer que está errado... não é isso não!

O técnico-administrativo quis passar a imagem de uma pessoa sem preconceitos, mas usa um termo inapropriado — "[...] sapatão, na linguagem mesmo [...]" —, eivado de associações negativas, para se referir a mulheres que se relacionam amorosamente entre si. Quando fala "Não adianta eu conversar, dizer que está errado [...]", dá a entender que, se pudesse, tentaria mudar aquelas(es) que têm orientações sexuais com as quais não compactua. Bastou que a funcionária avó de um homem trans saísse da sala uns minutos para tomar um café para que ele expusesse seus reais pensamentos sobre a diversidade de gênero:

> TM 1: Rapaz, é o seguinte... tu nasceu do sexo feminino, se decidir a não ser, é um problema, tanto para ela quanto para os outros aceitarem. É como a professora mesmo disse, o neto dela nasceu menina e é menino hoje, ele mesmo não se aceita. Então acho que é uma dificuldade para todo mundo. Tanto para ele quanto para a família.

Os participantes dos grupos focais aludiram à importância de se respeitar as diferenças de uma forma simplificada — é preciso respeitá-las e pronto —, que deixa escapar o principal: Por que as diferenças são desrespeitadas? Num mundo ideal, não haveria hierarquia nas diferenças, máxime porque "[...] não há uma norma ou normal, pois é preciso produzir a diferença o tempo todo" (Abramowicz, 2014, p. 10). Sucede que o mundo está longe do ideal e as diferenças descambam facilmente em desigualdades. Algumas(ns) alunas(os) têm consciência disso, mas suas propostas de solução são atravessadas pelo romantismo:

> AM 1: As pessoas estimularam um padrão já, do que deve acontecer... aí que surge tudo mesmo, o negócio de todo racismo, toda diferença sexual... é na parte que as pessoas querem daquele jeito, não querem ouvir outras opiniões, não querem ouvir o que é a realidade, o que a gente vive hoje no século XXI. É isso, é pouca coisa que eu quero falar sobre isso.

> AM 1: [...] mas realmente as mulheres hoje estão ocupando espaço bem maior na sociedade, né, porque... tanto lugar de mulher, quanto de homem, não é estar na cozinha ou no trabalho, estar na roça... o lugar de cada um é onde a pessoa quer estar.

> AM 1: Hoje em dia o homem é muito mais valorizado, né, na sociedade e na verdade os dois tem que ter a mesma importância, não é teria, tem que ter a mesma importância, porque ambos são seres humanos, ambos convivem, são as mesmas pessoas. O que na

verdade muda... todos nós somos pessoas, todos somos iguais, na verdade muda, né, a personalidade, muda tudo... E muda apenas os sexos, mas todas são pessoas. Então todos devem ser tratados de maneira igual.

Certamente, "[...] o lugar de cada um é onde a pessoa quer estar [...]", a questão é como tornar isso real. Para chegar às causas do preconceito contra a diversidade sexual, é preciso fundir, por meio do diálogo, a utopia das(os) alunas(os) e o realismo das(os) professoras(es) (Cavechini, 1995). A hierarquização sexual, que concita à homofobia, ao heterossexismo e à autocensura em variados âmbitos sociais, segue inabalável, devido à sua funcionalidade à exclusão capitalista (Espejo, 2018). As menções sobre a diversidade sexual na escola podem funcionar como um gatilho para uma reflexão mais aprofundada sobre a perduração de padrões opressores, com o fito de extingui-los. Nenhum profissional da escola pode ficar de fora desse debate, pois, como diz a técnica TF3, "[...] do portão para dentro todo mundo é educador."

A aposta nessa alternativa deve partir do pressuposto de que há formas e formas de respeito, das mais autênticas às mais inautênticas: "Se a intenção dos profissionais da escola é, realmente, promover o respeito e desconstruir preconceitos, precisam se perguntar quais são os melhores caminhos para favorecer esses processos, e quais se configuram como impedimentos [...]" (Paula, 2019, p. 116). A diversidade que se apoia em pedidos débeis de tolerância mantém intactas as identidades hegemônicas, sustentadas pela subalternização das demais, e é inepta ao alcance do ideal fraterno (Abramowicz; Rodrigues; Cruz, 2011). Pelo que nos foi relatado, o desejo de avançar na agenda da diversidade sexual mal saiu do plano das intenções:

> *G1: E o trabalho que é proposto pelo núcleo da secretaria é inclusivo, com terapias envolvendo alunos, funcionários da escola, professores e muitas vezes até os pais. Vai de discussões, muitas vezes, não especificamente, tratar um problema, mas também abordar, levantar um problema, né. Então assim, a gente ainda não conseguiu executar, mas tem bastante proposta para desenvolver um trabalho nesse sentido. E a gente percebe o tanto que a escola é fragilizada nisso!*

> *G2: [...] e o pensamento do projeto é uma abordagem coletiva, é um trabalho coletivo direcionado dentro da escola, com parceiros especializados, abordando os mais diversos tipos de gêneros, mas... coletivo. É diferente de individualizar e estigmatizar.*

AF1: Se tivesse um projeto explicando isso para os alunos terem entendimento, isso não ocorreria dentro de sala de aula. Creio eu que os alunos já teriam uma mentalidade bem mais avançada sobre esse assunto e saberiam que isso não é o que se faz, né.

AM1: Apesar de ser um assunto delicado, deveriam ter profissionais a postos, prontos para responder esse tipo de perguntas dos alunos e tudo mais, e outra coisa que eu também ia falar que eu acabei esquecendo... meu deus do céu, é o nervoso aqui, pois é... é isso... eu posso ir pensando mais um pouquinho, pra ser o último a falar?

AF1: Então, eu acho sim que esse assunto deveria ser tratado nas escolas e também em casa. Porque muitas vezes o preconceito sai de dentro da própria casa mesmo. Os pais não aceitam a sexualidade da pessoa, da menina ou menino... E na escola também é para isso ser abordado diariamente, para as pessoas entenderem que aquilo é uma coisa normal no século que nós estamos vivendo hoje em dia. Que não deveria haver mais tanto preconceito como tem e que... é isso!

No trato com o outro, há sempre o receio de perder uma parte de nós. A identidade de um indivíduo sustenta-se em suas conexões com determinados grupos. Nesta era de incertezas, é improvável que as pessoas troquem seus particularismos grupais por valores universais. Na realidade, é muito mais fácil que o viés intergrupal — o favorecimento dos "nossos", e não dos "outros" (Pascoal, 2017) — seja fortalecido. A receita para transcender ao tribalismo é a educação. Na escola, a/o educando pode tanto tornar-se "[...] consciente de sua situação e de seus direitos e deveres como pessoa humana" (Herbert, 2010, posição 132) como se desiludir, de uma vez, quanto à possibilidade de afirmar a dignidade de sua personalidade.

Uma pessoa que não se sente aceita na escola dificilmente se sentirá aceita em outros lugares. As(os) professoras(es) têm o dever de contribuir para que isso não aconteça, em consequência da pronunciada carga ética de sua profissão. É desolador que algumas(ns) delas(es) não apenas mantenham-se imóveis diante da violência, como colaborem para sua reprodução:

G1: [...] tem também professoras que são extremamente radicais em seus posicionamentos e fazem abordagens desastrosas. "Menino, tu é homem, tu não vai brincar de boneca".

> *G2: Em 2009, 2010 mais ou menos, nós tivemos um problema muito sério aqui na nossa escola... que um professor de matemática disse para uma mãe que também é educadora, "teu filho está tirando nota muito baixa, tu sabe que ele é gay?". A mulher surtou! Ela surtou pela informação dada no coletivo, porque o professor levou em consideração que o menino estava tirando nota baixa em matemática porque era gay, e porque a família não sabia! [...] o professor acabou saindo da escola, batendo na tecla de que o menino não aprendia porque era gay.*

> *G2: O professor de ciências ele tinha 50 anos, ano passado, era o professor que justamente trabalhava todas essas questões. Inclusive o oitavo ano, DST, camisinha, não sei o quê, o que é que eu faço? Eu pego, dou uma passada superficial, porque tenho 50 anos, sou evangélico ao extremo, e eu não vou estar falando imoralidades com a minha turma.*

O veredito da aluna AF2 de que "[...] o lugar onde mais ocorre homofobia é nas escolas" é confirmado por pesquisadoras de renome na área da sexualidade: "[...] alguns dos mais importantes espaços de cuidado são também os de maior expressão das injúrias homofóbicas" (Lionço; Diniz, 2008, p. 316). As pessoas não heterossexuais são as vítimas preferenciais de violência no ambiente escolar, onde deveriam estar resguardadas de quaisquer maus-tratos. A homofobia pode ser mais cruel do que o racismo, porque a vítima de discriminação racial pode encontrar em casa ou junto às(aos) professoras(es) um apoio não concedido aos dissidentes de sexualidade e de gênero. O subentendido aqui é que as(os) negras(os) não têm culpa pela cor de sua pele, enquanto as pessoas não heterossexuais só não se adequam às normas de sexualidade porque não querem:

> *G1: Então o preconceito, assim como o preconceito de negro, do aluno especial, é muito mais difícil de lidar com preconceito de opção sexual. A gente consegue trabalhar. Hoje a gente já tem uma experiência vasta, um trabalho consolidado em relação a aceitação de aluno especial. Mas nesse campo de preferência sexual, de gênero, ainda é um campo muito delicado. Muito difícil de se chegar.*

> *G1: Mas eu vejo que é muito mais fácil de eu trabalhar uma questão do negro, a questão do aluno especial, do que a questão de gênero nesse sentido de aceitação.*

Silva (2007) sublinha que admite-se, contra os homossexuais, um preconceito sem reservas, praticamente inocorrente contra outras minorias, que faz com que eles sejam taxados de predadores sexuais, promíscuos e pecadores, dentre outros termos desonrosos. Algumas falas nos grupos focais confirmam essa informação:

> *TF1: Eu também já trabalhei com colegas homossexuais que usavam a sala de aula... eu tinha um colega que dizia assim eu não largo o EJA nunca, porque como é que eu vou conseguir..." [...] (conversas ao mesmo tempo).*

> *TF1: E o C. assim... ao mesmo tempo que ele se superou, ao mesmo tempo que ele teve muito preconceito, ele também teve muita... assim, poxa, eu lembro de uma amizade que ele tinha que o era... trabalhava na Receita Federal, tinha dinheiro, bancou o C. [...] nem tinha nada com o C. Mas bancou. O C. fez cursinho, e ele passou na Ufac em enfermagem. Então assim, mas eu meu Deus, eu lembro muito bem que ele era bastante menino mesmo... e hoje ele é um cara para mim... ele dá aula na Uninorte. É um cara, funcionário do estado, casado há anos com o mesmo cara, não é promíscuo [...].*

> *D2: E o desfecho foi esse, depois ela me contou que procurou psicólogos, os coleguinhas passaram a entender a situação dele, passaram a respeitar, não se falou mais em nada... questão sexual e religiosa na sala de aula. Porque era dando aula e você escutando aquelas piadas, de que "a pessoa quer viver no pecado", ele sabia que era com ele. E depois que eu comecei a saber da história eu também sabia que era com ele. E depois dessa abordagem acabou a história na sala de aula, os alunos começaram a conviver de novo, ele se ingressou de novo no ciclo de amizade dele, e vida que segue.*

As lésbicas ressentem-se de seu poderio limitado no movimento LGBTQIA+, em comparação com os gays. Na sociedade mais ampla, porém, a homossexualidade feminina é mais tolerada que a masculina (Bettinsoli; Supes; Napier, 2020), talvez porque, pelos critérios androcêntricos, o gay é alguém que decaiu e a lésbica, aquela que se elevou. Não que isso seja uma grande vantagem: as fantasias dos homens com a homossexualidade feminina, como o *ménage à trois* ou o voyeurismo, não são inusuais, e corporificam uma visão objetificante do corpo lésbico (Arc, 2009). Conquanto tenham sido noticiados alguns borramentos nas divisas entre os gêneros, como meninos que gostam de usar rosa e meninas que jogam futebol, "[...] as cobranças e as sanções sobre os meninos/homens que não cumprem com 'funções/papéis' que histórica, cultural e socialmente foram sendo definidas como próprias para eles são bem maiores." (Guizzo, 2013, p. 134).

Há uma presença constante da homofobia no policiamento da sexualidade masculina (Nascimento, 2018). Alunos sem quaisquer laivos homossexuais são isolados dentro e fora da sala de aula, apenas por demonstrarem maior afinidade com alunas (Oliveira Júnior, 2019). Já a patrulha da homossexualidade feminina é mais relaxada: "Nós temos várias aqui na escola, de beijo na boca. É mais natural aceitarem as meninas se tocando do que os meninos. Ainda tem essa questão. Menina pode tocar menina. Menino não pode tocar menino. Nós ainda temos isso" (G2).

Beaudoin e Taylor (2006) verificam que culturas patriarcais, capitalistas e individualistas, como a brasileira, conclamam os meninos a ser durões e a se valer da força física, insistem na importância de estar no cimo da hierarquia e incentivam o indivíduo a focalizar suas próprias necessidades e não as da comunidade. O resultado são comportamentos como os seguintes:

> TF1: Começa pela postura corporal. A gente identifica logo os líderes de grupo porque... vou até tentar imitar... eles já andam assim ó... aí bate no ombro do outro, para deixar bem claro que eu não tenho medo de ti, eu não tenho nada... aí aquele ali que já anda pelo cantinho... então assim, já começa a linguagem corporal e a verbalização. Um olha para o outro e já "o que é?", já é mais macho do que o outro.

> TF1: No geral o nerd é perseguido! Mas aí eu acho que hoje depende muito... se ele é um nerd que ele consegue ajudar os outros na prova, na nota, na turma... aí ele vai ser... (conversas ao mesmo tempo).

> TF2: Mas ele é perseguido de todas as formas, né. No caso de ele querer ser mais do que os outros [...].

O mito de que o conhecimento é coisa de "CDFs" e não de "homens de verdade" tem concorrido para um acréscimo substancial da evasão escolar entre estudantes do sexo masculino (Hiromi; Gois, 2019). Embora o *bullying* homofóbico incida mais intensamente sobre a população LGBTQIA+ e aumente as probabilidades de suicídios nesse segmento (Severo, 2013), todo aluno está sujeito a ser atormentado com "brincadeiras" que põem sua masculinidade à prova. No imaginário popular, aquele que "não leva desaforo pra casa" é valorizado como "alguém que sabe se defender." Muitos pais instilam a agressividade nos filhos, com chavões como "se for pra brigar, é pra bater" ou "se apanhar na rua, apanha de novo em casa."

Na sociedade capitalista, a competição perpassa todas as relações existentes:

> Ela sustenta a busca por notas, promoções, parceiros sexuais e troféus de eventos esportivos, não menos do que amizade e amor [...] é a metanarrativa mestra das sociedades ocidentais, valorizando a iniciativa e a agência individuais (Martocci, 2015, p. 47).[30]

A competição, bem dosada, é um recurso didático motivacional importante, que pode suscitar a empolgação por atividades extenuantes, dentre outras vantagens. Os problemas despontam quando os únicos valores cultivados pela escola são os competitivos.

Esse é o caldo de cultura perfeito para o *bullying*, que

> [...] origina-se da ausência ou deficiência de valores humanistas norteadores das condutas da comunidade estudantil, fatores estes decisivos e primordiais para formação da personalidade de qualquer ser humano (Bana, 2016, p. 79).

O *bullying* é um fenômeno corriqueiro na comunidade escolar estudada:

> *AM 1: Vou usar o meu exemplo, eu sou um exemplo disso, né. Muitos de nós vivenciamos aqui, além de nossos colegas, que eu sei que cada um já passou por um motivo diferente. Por um fato diferente. Não só sobre isso, questão de homofobia ou coisa assim, mas sobre esse bullying no geral [...].*

> *D3: A gente sempre tá esperando, é... porque é um entra e sai também às vezes de um aluno, às vezes a sala está tranquila aí chega um aluno com comportamento diferente e já, assim, fica vulnerável à sala de uma certa forma, porque essas questões sexuais, elas mexem e muito no dia a dia da sala de aula, porque geralmente o aluno ele sofre bullying pelo colega.*

> *AF 1: Bom, é... frequentemente tem o bullying, né, lá dentro da sala de aula... Muitas vezes por um menino ter uma voz mais fina, ou a menina se vestir muito diferente. Eu sei que ocorre um bullying de um jeito ou de outro, qualquer motivo já é motivo de eles fazerem racismo e o bullying com a pessoa.*

---

[30] No original: "It undergirds the pursuit of grades, promotions, sexual partners, and sporting-event trophies no less than friendship and love [...] it is the master metanarrative of Western societies, prizing individual initiative and agency."

Os *bullies* tendem a relativizar a gravidade de seu comportamento, mas quem sofre *bullying* fica marcado para sempre. É o que se depreende das falas de dois alunos, um autor e outro vítima de *bullying*:

> AM2: É, primeiramente, eu vou logo pedir desculpas adiantadas para o AM1, porque eu fiz isso com ele mesmo. Já aconteceu comigo também. Eu era muito novo, no prézinho, ainda, eu lembro disso. Mas eu já acabei sim, zoando o AM1 porque... eu só fazia a brincadeira, mesmo. Eu achava que ele era um pouco afeminado, e fazia uma piada aqui e acolá. Mas eu não tinha a intenção real de ofender ele.

> AM1: As pessoas, na verdade, assim como o AM2 falou, não têm a intenção de machucar. Na verdade, também muitos fazem com a intenção de machucar. Mas mesmo sem a intenção, machuca. Porque não é com elas que acontece.

A interpretação da violência como algo disruptivo obscurece seu caráter estrutural. Na sociedade de classes, ela se aloja nos silenciamentos, nas interdições, nas omissões, em suma, em tudo que tolda o aperfeiçoamento humano. Polifacética como a Hidra de Lerna, a violência se expressa direta ou indiretamente, ativa ou passivamente, e pode assumir as formas física, verbal, de danos materiais e roubo (Parrott; Giancola, 2007). Permanecendo na alegoria, é inútil cortar-lhe uma única cabeça, porque no lugar dessa logo ressurge outra. À maneira de Hércules e de Iolau, que mataram o monstro mitológico decepando-lhe todas as cabeças e queimando as feridas remanescentes (Grimal, 2005), é imperioso atacar as raízes sociais objetivas que sustentam o problema.

A violência percorre a pirâmide social em fluxos ascendentes e descendentes. Os excluídos descobrem nela um meio de prova de sua existência (Fante, 2011). Por questões sobretudo econômicas, as famílias e as escolas têm falhado em proporcionar aos jovens ambientes seguros, estáveis e amorosos (Szymanski, 2011). Premidos pela falta de recursos financeiros, os grupos socializadores enfrentam dificuldades em romper as obstruções capitalistas ao florescimento humano, pois não conseguem desenvolver recursos internos "[...] para contestar este sistema social no qual um comportamento é visto como normal e os demais como anormais e passíveis de condenação" (Mota, Souza, 2021, p. 720). O desvanecimento da solidariedade nos coloca numa condição hobbesiana de guerra de todos contra todos.

Trazer à baila as questões sobre diversidade sexual e de gênero na escola interessa não apenas aos grupos minoritários, mas a toda a comunidade escolar, já que as regras heteronormativas oprimem a todas(os). Senão, veja-se:

> AF2: Mexeu muito comigo. Foi assim... eu não vou falar muito o que aconteceu porque eu não sei muito como ele se sentiu, né, ele não me contou tudo. Mas foi meio que assim, cada sala, cada escola sempre tem a divisão de grupo de amigos. Tem um grupo que tem assim, outro grupo que é assim, e tem as rivalidades e tal. E eram um grupo de amigos fechados assim, e meio que ele se assumiu para os amigos dele, do grupo dele, e os amigos dele meio que excluíram ele. "Não, isso é errado", "Não, isso... tu vai para o inferno", alguma coisa assim, e meio que excluíram ele de tudo, sabe. Pararam de falar com ele, essas coisas. Isso foi o que eu sei por ele... aí ele ficou bem mal né, porque... cara, tu se abre para os teus amigos e os teus próprios amigos não te aceitaram, por que que os outros vão te aceitar, entendeu? Aí isso mexeu realmente comigo porque eu fiquei indignada, eu fiquei "Como assim? Por que que vocês não aceitaram? Na verdade, vocês não têm nem que aceitar, só tem que respeitar porque é a escola dele". Aí isso me afetou, comecei a ter umas crises, uns negócios, porque eu fiquei realmente muito chateada... porque eu pensei "e se fosse comigo?". Me coloquei no lugar dele né, se fosse comigo, todo mundo da sala praticamente não está falando com ele por causa disso. Como que eu ia me sentir, entendeu? Eu fiquei bem mal.

Na conjuntura econômica atual, o papel de macho provedor é inexequível para muitos indivíduos, que não raro lidam com o "fracasso" das piores maneiras: suicidando-se, tornando-se alcoólatras, ficando sexualmente impotentes, descarregando as decepções na esposa e/ou filhas(os) etc. Mas não basta ter posses financeiras para ser considerado masculino: "Ao macho estão sempre associados valores tais como força, razão, coragem. Logo, os raquíticos, os afetivos, os tímidos são solicitados impositivamente a se comportarem de forma contrária às suas inclinações" (Saffioti, 1987, p. 25). Não são poucos os que colapsam diante de tantas cobranças, como o aluno AM2, heterossexual, que admitiu se automutilar durante um certo período por não ter achado outro meio para dar vazão a suas emoções:

> AM2: [...] A cobrança em questão de trabalhos e resultados é muito menor hoje em dia, porém ela ainda existe, uma cobrança maior de homens e... em questão do emocional que é no foco, onde

eu queria chegar, eu sinto que existe, realmente, uma cobrança muito maior para homens na questão de sentimentos. Em que um homem não pode se abrir, em que um homem não pode expressar seus sentimentos de qualquer forma porque isso pode ser levado como fraqueza. E eu mesmo, pelo fato de o meu avô ter sido uma pessoa muito conservadora, eu cresci acreditando nisso e eu tive muitos problemas por causa disso, eu pessoalmente.

AM2: E em 2018 eu cheguei a ter crises, eu cheguei a me cortar por um bom tempo porque eu estava me remoendo há muitos anos por causa dos meus sentimentos, que eu nunca me abria. Em 2019, essa crise já tinha passado e eu já estava bem melhor comigo mesmo [...].

AM2: Sem contar todo o estresse que a sociedade acaba colocando em cima dele, falando de uma forma machista "Você vai ter de ter um trabalho", "Você vai ter de sustentar seus filhos, sua esposa", e coisas assim.

O controle homofóbico é um peso extra no fardo carregado por todo homem na ordem patriarcal. A necessidade de "se mostrar homem" imposta pela cultura capitalista é introjetada pelos jovens e acaba se externando em comportamentos violentos. Em 2015, a violência interpessoal foi a principal causa de morte na adolescência em países de baixa e média renda das Américas e a autolesão — suicídio ou morte acidental resultante de autolesões sem intenção suicida — a terceira principal causa de morte em adolescentes de todo o mundo (Organização Pan-Americana Da Saúde, 2018). Sem desconsiderar a complexidade da automutilação, é plausível considerá-la como um deslocamento contra o *self* da violência não liberada contra outrem.

A aluna AF2, ao mesmo tempo que anui que há um grande volume de expectativas a serem correspondidas pelos homens, vê isso não como uma provação, mas como um símbolo de status que as mulheres também podem alcançar:

AF2: [...] ser homem para a sociedade é ser um homem forte, com a masculinidade lá em cima, um homem que trabalha, que sustenta a família, que sustenta a casa, sustenta a mulher... e eu realmente acho que isso está errado porque... a mulher vai ter capacidade total de fazer isso também. De trabalhar, ganhar seu próprio dinheiro, se sustentar, e ainda dar conta da casa [...] foi eu mesma que falei de as mulheres estarem conquistando um espaço, não da forma que elas queriam, mas, aos pouquinhos, assim, eu acho que elas vão conseguindo.

A aluna não tece nenhuma ponderação sobre os limites capitalistas da libertação feminina pelo trabalho, como os infra-arrolados:

> [...] o que mais contribuiu para mudar os estereótipos de frivolidade e de incapacidade que afetavam as mulheres não foram os esforços dos diversos feminismos, por mais que tenham sido indispensáveis. É a nova realidade econômica que obriga a maioria das mulheres americanas (inclusive a maioria das mulheres que têm filhos pequenos) a trabalhar fora de casa. A medida de como as coisas *não* mudaram está no fato de que uma mulher ganha entre metade e três quartos do que ganha um homem no mesmo emprego. E quase todas as ocupações têm marca de gênero: com exceção de poucas atividades (prostituta, enfermeira, secretária), em que o contrário é verdade e é preciso especificar se a pessoa é um homem, é necessário acrescentar "mulher" diante da maioria dos nomes de empregos quando é uma mulher quem o ocupa [...] (Sontag, 2005, posições 281-282).

A narrativa individualizante do empoderamento oculta o fato de que a maior ocupação de funções fora de casa pelas mulheres de classe média e alta foi possibilitada pela assunção das funções domésticas por trabalhadoras em sua maioria negras e mal remuneradas (Dieese, 2020). Para que as mulheres negras também sejam empoderadas, é preciso pensar na dimensão estrutural de sua dominação (Hamlin; Peters, 2018). A crescente produtividade do trabalho propiciada pelo desenvolvimento científico-tecnológico acarretou, pelo menos nas sociedades capitalistas avançadas e em algumas áreas industrializadas da periferia global, numa impactante redução do operariado industrial (Antunes, 2006), o que diminuiu a relevância da família nuclear tradicional como garantidora da reprodução ampliada da força de trabalho.

Consoante a tradição marxista, a meu ver, a mais habilitada à compreensão da sociedade, é sobretudo a essa transformação material, somada a outros fatores concretos como a invenção da pílula anticoncepcional, que se deve atribuir a maior liberdade sexual testemunhada nas últimas décadas. A tão festejada inclusão assume, ocasionalmente, contornos perversos. Os gays, lésbicas e bissexuais que não são demitidos de seus empregos quando revelam sua orientação sexual tendem a ser submetidos a uma intensa cobrança por resultados (Souza *et al.* 2018), como se tivessem de provar que fazem jus à oportunidade que lhe foi "dada".

Assim como para as mulheres, também há um "teto de vidro" — barreiras de ordem social e individual que dificultam a ascensão feminina aos postos de liderança (Carneiro, 2018) — para os dissidentes de sexualidade e de gênero, que jamais será estilhaçado nos marcos capitalistas. A diversidade sexual é condenada porque conflita com a família patriarcal/capitalista em vários pontos. Ela põe em xeque a centralidade da família na transferência da herança, na não remuneração do trabalho feminino doméstico, no fornecimento da força de trabalho e de soldados e na difusão da ideologia correta à prole (Okita, 2007).

O Art. 205 da Constituição Federal de 1988 estabelece que o dever de educar, comum ao Estado e à família, visa "[...] ao pleno desenvolvimento da pessoa, seu preparo para o exercício da cidadania e sua qualificação para o trabalho" (Brasil, 2016, p. 123). Desses três objetivos, apenas o último é aceito de forma indiscutida nas escolas públicas, que incorporam dominantemente a perspectiva das classes burguesas e ministram aos indivíduos de baixa extração social uma educação pasteurizada, "[...] a fim de habilitá-los técnica, social e ideologicamente para o trabalho. Trata-se de subordinar a função social da educação de forma controlada para responder às demandas do capital" (Frigotto, 2010, p. 28).

A prova incontroversa da influência do capitalismo na educação é o temor reverencial das(os) gestoras(es) e professoras(es) à família, que parece não poder ser contrariada de forma alguma. A visão da família heteronormativa como a única natural, cuja consequência lógica a inferiorização das orientações sexuais não heterossexuais (Murasaki; Galheigo, 2016), é reforçada por declarações como a do ex-ministro da Educação, Abraham Weintraub: "[...] quem educa é a família. A gente ensina" (Bermúdez, 2019, [n.p.]). Não ao azar, "[...] a defesa da primazia da família na educação moral dos filhos se faz acompanhar de ataques aos currículos e à liberdade docente, em nome do 'direito a uma escola não-ideológica' ou a uma 'escola sem gênero'" (Junqueira, 2017, p. 44).

Essa implicância avultou-se em épocas recentes como resposta à maior proeminência das minorias sexuais, estimulada por eventos como a Rebelião de Stonewall (Venâncio; Costa, 2012). Em 28 de junho de 1969, os clientes do bar nova-iorquino decidiram que não iriam submeter-se calados a mais uma abordagem policial abusiva, atitude que atuou como catalisadora de uma movimentação coletiva de maior amplitude contra os desmandos da sociedade heteronormativa. A primeira Marcha do Orgulho Gay, ocorrida um ano depois, entrou no calendário político de vários países, renomeada como Marcha do Orgulho LGBT (Wolf, 2021).

A contrarreação ao ativismo LGBTQIA+ se dá mediante um movimento político reacionário que tem como ponto nevrálgico a ojeriza à noção de gênero. Os próximos excertos do grupo focal das(os) técnicas(os) administrativas(os) mostram que não se mexe impunemente com as fronteiras simbólicas entre os sexos:

> P: TF3, o que você pensa dessa frase: "Não se nasce mulher, torna-se mulher"?
>
> TF3: Eu creio... nasceu mulher, eu não sei não, não sei nem como te responder...
>
> P: É... por quê?
>
> TF3: Porque eu não quero responder.

A expressão "ideologia de gênero" visa desacreditar as teorias de gênero, culpando-as de estar a serviço da doutrinação das crianças e da destruição do conceito tradicional de família (Reis; Eggert, 2017). A comoção causada por uma atividade com a resenha de um filme é emblemática de como a escola pode ser manietada pelo conservadorismo, caso não cumpra seu encargo legal de desenvolver uma política educacional emancipatória:

> D5: [...] perguntaram o que a professora queria dar a entender nesta resenha, pais repórteres, pais professores... fala um pouco sobre o filme do Selton Melo, uma comédia romântica, muito simples, não teve nenhuma ênfase pejorativa, e tem pais que vieram no meu privado perguntar o que a professora estava querendo dizer sobre quando o Selton Melo fala né que ele foi abandonado pela esposa... a frase é mais ou menos essa, "e a sua sorte muda quando aparece Luana Piovani na sua vida". Aí, uma "mulher mais gostosa, espetacular, a mulher mais espetacular do mundo bate à sua porta. Ela é deliciosa, inteligente, gosta de futebol, não tem ciúmes e transa feito uma deusa. O único defeito dela é não existir." O "transa feito uma deusa", muitos pais nos perguntaram o que a professora estava querendo insinuar com o "transa feito uma deusa" [...].

D5: E o texto, ele acaba de forma muito simples, voltado para realmente uma resenha, só que o pai grifou, recortou... são valores religiosos, são valores familiares. Esse pai é um pastor, então tudo isso... e ele excitou ainda os outros pais a virem nos questionar.

D2: Causando a revolução, D1!

D5: [...] é uma revolução apenas por conta de um texto. Um texto tranquilo, "A mulher invisível", uma resenha, trabalhada pela professora, já que... porque um dos questionamentos foi "Já que a professora não podia direcionar... então por que foi trabalhado?", "O que que ela queria insinuar com 'transa feito uma deusa'?", entendeu? Então assim, tudo muito simples.

Toda essa celeuma é indicativa do denodo de muitas famílias em preservar seus estilos de vida:

> Quando abordam a sexualidade com seus filhos, não estão apenas ensinando, mas protegendo o núcleo cultural do sistema familiar, já que essa educação também é uma forma de transmissão de valores, o que garantirá, em últimas instâncias, que os sistemas sofram poucas alterações, mesmo ante as mudanças sociais as quais estão sujeitos ao longo do tempo (Costa; Missiatto; Martines, 2021, p. 30).

Assim como observei tentativas de suspender a discussão sobre questões sexuais entre professoras(es) e alunas(os), há pais ansiosos pelo ensino desses conteúdos, o que não deixa de apontar para uma transferência para a escola da sua responsabilidade de educar suas/seus filhas(os):

> Antes, acreditava-se que as famílias apresentavam resistência à abordagem dessas questões no âmbito escolar, mas atualmente sabe-se que os pais reivindicam a orientação sexual nas escolas, pois reconhecem não só a sua importância para crianças e jovens, como também a dificuldade de falar abertamente o assunto em casa (Fundo Nacional De Desenvolvimento Da Educação, 1998, p. 291).

O controle da sexualidade, um dos principais mecanismos de exercimento da autoridade paterna e materna, desvenda-se em injunções como a dupla moral sexual: "Ou o sonho é a masculinidade, sonho dos pais, é que o filho esteja namorando. No lado feminino, é que as filhas não namorem tão cedo..." (G2). A maioria dos pais não fala sobre sexualidade com as(os) filhas(os), não só por despreparo, mas por recearem que as suas palavras sejam interpretadas como uma autorização para as práticas sexuais (Silva, 2018). A escola pode suprir esse hiato, como expõe uma das docentes:

> D2: É por isso que eu acho que às vezes a escola tem sim que ter esse papel fundamental de poder explicar para o aluno, a questão de tirar essas dúvidas dele, da questão da sexualidade, porque em casa o pai não sabe lidar, porque às vezes ele acha que se ele falar o menino vai ficar solto demais, o menino vai perder o respeito por ele, o menino não vai obedecer... se ele falar, ele pode está instigando o menino a ter curiosidade [...].

A consideração abstrata e universal da categoria família não apanha a complexificação que a instituição familiar vem passando nos últimos tempos, com um afastamento do modelo tradicional moderno constituído por pai, mãe e filhas(os) (De Cicco; Vargas, 2016). As gestoras entrevistadas não estão desatentas a essa transformação:

> G3: [...] na nossa escola a gente já não trabalha mais já algum tempo, o dia das mães e o dia dos pais, mas a gente trabalha o dia da família, no qual a gente valoriza, discute, as diversas constituições familiares. E eles trazem isso para a gente. "Na minha casa é duas mães", "na minha casa é dois pais", "é minha avó". Então assim, é o momento que dá abertura para a gente dizer que o mundo é assim. Não tem mais aquele padrão, né, familiar e... eles vão vendo.

> G2: Mas em 2020 nós estamos com o nosso primeiro caso de filho, no registro, com dois pais. É o nosso primeiro caso aqui na escola. Então, é um aluno de sexto ano, é o pai nos procurou por conhecer o trabalho que a escola vem desenvolvendo. E ele foi muito claro em dizer que "o meu filho tem dois pais" [...].

> G1: E a questão do dia da família na escola, foi uma necessidade que foi surgindo exatamente com isso... crianças às vezes chorando, "a minha mãe não vem, porque eu não tenho mãe", morreu, ou por que são dois pais, ou por que é minha avó, né. Dia dos pais a maioria não tinha pais também, então assim, é uma realidade de praticamente todas as escolas hoje, né. Se viu essa necessidade. A constituição familiar mudou completamente, mudou radicalmente, apesar de que tem a questão da concepção.

> D3: [...] quando eu estou dando o conteúdo de família, grau de parentescos, então, é... eu insiro um texto que fala que hoje em

dia há diversas formas de família. Então as famílias, vamos dizer, tradicionais e aquelas famílias, é...

D2: Contemporâneas.

Nas referências à(s) família(s) nos grupos focais, as novas configurações familiares foram pouco acionadas e predominou o modelo triádico pai-mãe-filha(o):

G1: Chega a causar desconforto inclusive nas famílias, que muitas vezes quer questionar por que a professora trabalhou isso na sala. Tem esse lado também da família.

G2: [...] se a professora tivesse feito em sala, falando de puberdade, de uso de camisinha, de anticoncepcional, disso e daquilo... a família no outro dia estaria em peso na escola, porque a professora estava abordando temas sexuais sem a família saber [...].

D2: [...] eu sempre gostei de abordar a questão do corpo. Só que de uma forma diferente, não buscando tanto para questão da diversidade sexual, porque quando se fala em diversidade sexual, quando se fala em gênero e chega no ouvido da família que estamos falando disso, se torna um tabu. Porque nem eles falam, e também acham que não é dever da escola falar. É tipo assim: "se você quiser aprenda com a vida".

D1: Mas eu acho que ainda há um certo tabu! Vamos supor assim, até dos professores, porque eu como professora eu não tenho muito é...muita dificuldade em trabalhar esses assuntos, em falar... mas eu tenho um pouco de receio da família [...].

A forma da família pode ter mudado, mas a percepção da função da família mantém-se quase que inalterada, registra a diretora da escola (G1): "A constituição familiar mudou completamente, mudou radicalmente, apesar de que tem a questão da concepção." Com a crise da família nuclear burguesa, de pai provedor e mãe dona de casa, os ideais de masculinidade migraram para as mulheres: "[...] competitividade, desempenho e agressividade [...] deixam de ser uma marca de masculinidade e tornam-se também uma expectativa de atuação feminina" (Nolasco, 2017, p. 16, tradução minha).[31] A masculinidade não é, em absoluto, um traço exclusivo dos homens, mas sim um conjunto de atributos que as mulheres

---

[31] No original: "[...] competitiveness, performance, and aggressiveness [...] cease to be a mark of masculinity and also become an expectation of feminine performance."

DIVERSIDADE SEXUAL À LUZ DA PSICOLOGIA SÓCIO-HISTÓRICA

podem encarnar, especialmente as feministas liberais, que "[...] tendem a buscar o empoderamento das mulheres através do avanço econômico (feminismo de carreira) [...]" (Mccann *et al.*, 2019, p. 300).

Apesar de todas as pressões em contrário, as sexualidades não hegemônicas — homossexualidade, bissexualidade, assexualidade — e as transgeneridades — transexualidade e travestilidade — fazem-se presentes na escola, numa comprovação de que a vida não se deixa açambarcar pelas regras a ela impostas. Um estudo lançado pela Universidade Estadual de San Diego, nos Estados Unidos, com 4,5 mil crianças, mostrou que 1% dos meninos e meninas entre nove e 10 anos de idade são ou acreditam que podem ser LGBTQIA+ (Calzo; Blashill, 2018). Esse percentual é alto o bastante para reclamar a implementação de políticas públicas específicas a essa fatia da população, mormente na escola, da qual se espera um papel profilático contra os preconceitos. As opressões cotidianas sofridas pelas minorias sexuais são engrenagens de mecanismos mais amplos da dominação capitalista, de sorte que as lutas dessas minorias estão estreitamente ligadas às lutas contra o capitalismo.

6

CONSIDERAÇÕES INDICATIVAS

Esta pesquisa teve como foco quatro grupos (alunas[os], professoras, gestoras e técnicas[os]-administrativas[os]), com cinco membros cada um (exceto o grupo de alunas[os], que contou com quatro membros), de uma escola de ensino fundamental da rede estadual de ensino localizada em Rio Branco (AC). O objetivo geral foi compreender como a concepção dos membros da comunidade escolar acerca da diversidade sexual se articula com o currículo e como essa articulação se expressa no Projeto Político Pedagógico (PPP) da escola. Especificamente, quis demonstrar a necessidade de maior espaço no currículo de formação dos professores para discussão do tema "diversidade sexual"; ajudar a promover a mobilização dos LGBTQIA+ em torno da proteção contra a violação de seus direitos civis, políticos e sociais; identificar como se dá a implementação das diretrizes curriculares de gênero e diversidade sexual pelas(os) professoras(es) e encorajar a reflexão sobre gênero e sexualidade.

Para produzir as informações com as(os) 19 participantes, utilizei a técnica do Grupo Focal. Foi realizada uma sessão com duração média de uma hora e meia com cada um dos grupos. Os dados foram gravados, transcritos e analisados com base no método dos Núcleos de Significação de Aguiar e Ozella (2006, 2013). Minhas três principais referências teóricas foram Karl Marx, Lev Vigotski e Paulo Freire, de quem tomei de empréstimo, respectivamente, os conceitos de totalidade, mediação e práxis. Nessa direção, evidenciei que, apesar dos PCNs recomendarem uma abordagem transversal da sexualidade, a ênfase das escolas ainda está depositada nos aspectos biológicos do sexo, o que acarreta, dentre outros dissabores, a invisibilização das identidades LGBTQIA+.

As opiniões sobre a diversidade sexual nos grupos focais oscilaram entre a rejeição e a condescendência superior (poucos a consideraram como algo normal). A discussão da temática ainda é feita de forma esporádica e individual. A ausência da diversidade sexual no currículo tem justificado a violência homofóbica, forma de controle da sexualidade à qual até as(os) heterossexuais estão sujeitos. Vivenciar uma sexualidade dissidente nunca foi fácil, especialmente no mundo ocidental, onde vige um padrão cis-heteronormativo que relega para as margens da sociedade todas(os) aquelas(es) que não se identificam com o gênero que lhes foi indicado no momento de seu nascimento (trans) e/ou que se sentem romântica e fisicamente atraídas(os) por pessoas de sexo semelhante ao seu (homo).

É árduo indicar o momento em que as diferenças se deterioram em desigualdades. Alguns traços pessoais são selecionados para servir de base à discriminação, que consiste no tratamento diferenciado entre as pessoas sem nenhuma razão para tanto. O leque de comportamentos humanos é vasto. É quase uma platitude dizer que não há dois seres humanos idênticos, mas muitas(os) teimam em não reconhecer a diversidade como um aspecto meridiano da condição humana. A ideia de que há um sexo passivo e outro ativo nos faz ver a proximidade entre prazer e poder. A diversidade sexual incomoda porque toca num nervo sensível da sociedade: a complementaridade entre o patriarcado e o capitalismo.

O sistema patriarcal baseia-se na atribuição aos homens do controle dos bens materiais e simbólicos. No rol das posses masculinas, estão os corpos de crianças, adolescentes e mulheres, sobre os quais é impressa uma lógica desumanizante. Ser um homem heterossexual, sob o patriarcado, compreende regalias como a monopolização das posições de mando nos âmbitos sociais decisivos, nomeadamente a política, a economia, a religião e a educação. Como se não bastasse tudo isso, os homens casados ainda são os "chefes do lar". O capitalismo, que a tudo objetifica, faz do corpo feminino um prêmio, a ser ofertado a todos os homens que se mostrem másculos. Dizeres como "garotos não choram" objetivam conformá-los à masculinidade hegemônica, associada ao autoritarismo e à dominação.

Num sistema em que o valor soberano é o lucro, a ubiquidade da violência é tamanha que as exortações morais ao respeito pelos direitos humanos são ineficazes contra ela. A julgar por seus diplomas legais avançados em matéria de proteção ao meio ambiente, às mulheres, às crianças e adolescentes e à população negra, o Brasil deveria ser, à moda panglossiana, "o melhor dos mundos possíveis". Todavia, o grosso dessas previsões carece de efetividade. Os direitos humanos são de certa forma funcionais ao prosseguimento da exploração capitalista. Eles são como anéis que a burguesia entrega para não perder os dedos, quando acuada, mas que toma de volta, ao se ver sem rivais.

O discurso da inclusão tem claros limites, de maneira que a superação da discriminação depende fatalmente da superação do capitalismo. Para que os seres humanos venham a ter-se como irmãos, é necessário trabalhar a educação em direitos humanos, em contextos escolares e não escolares, de uma forma que não fique só na simples enumeração de normas já positivadas e examine o fenômeno da intolerância em sua multiplicidade causal. Somente a educação pode conscientizar as classes populares de que seu verdadeiro problema não é a forma de agir das minorias sexuais, e sim a desigualdade social. Muitos interesses rondam a sexualidade, daí as tentativas de limitar o debate sobre ela ao círculo familiar.

Os heterossexuais também têm muito a ganhar com o atingimento de relações de gênero mais paritárias. A fim de se amoldarem à imagem de masculinidade sacramentada pela sociedade burguesa, eles passam por duras provas. Sua existência, na civilização capitalista, é como um extenso ritual de iniciação a uma masculinidade nunca inteiramente conquistável. Desde a mais tenra idade, são ensinados que a vida é uma luta encarniçada em que só os fortes sobrevivem. O grande vilão não é o homem, mas o capitalismo. Prova disso é que muitas mulheres e dissidentes sexuais aderem irrefletidamente ao patriarcado, seja pela submissão às regras masculinas, seja pela imitação de comportamentos viris. No âmago dessas opções, está o interesse econômico.

Feminilizar as relações entre os indivíduos também não é a saída. O capitalismo já tem procedido dessa maneira, ao impor com hipocrisia uma fraseologia "sensível" que só serve para mascarar a agudização das contradições sociais. O capitalismo contemporâneo não bane a diferença, por ter descoberto nela mais uma fonte de lucro. O problema é que os membros das minorias despojados de recursos econômicos são tratados com desleixo, e é absurdo achar que a escapatória para eles está no mercado. Não se pode desatrelar a individualidade do contexto histórico-político onde ela se insere e pelo qual é condicionada. A um sistema totalizante, que busca controlar cada milímetro da existência, é preciso opor uma atividade igualmente totalizante, que só pode ser a educação.

Ciente de que a tomada de posição reveste-se de grande importância nas pesquisas sobre educação, não me satisfiz em fazer uma réplica das observações dos participantes acerca da diversidade sexual e fui buscar na categoria da totalidade formas de sanar o problema estudado. A educação, em sentido lato, povoa todo o cotidiano, extrapola as salas de aula e escolas. Na educação formal, ajustada ao mercado, destaca-se a tendência domesticadora. Essa não consegue, porém, extirpar os elementos progressistas da prática educativa, que se grava na essência daquilo que é humano. Pode parecer incongruente defender que existe uma essência humana neste momento em que um *tour de force* epistemológico tenta convencer a todos do contrário. No entanto, as grandes questões filosóficas sempre renascem, como a fênix, das cinzas onde se cria estarem sepultadas, por não terem sido esclarecidas a contento.

Muitos educadores deixam de problematizar a sexualidade e a tratam como um fato da natureza, o que constitui a perda de uma oportunidade preciosa para fazer de um costumeiro manancial de angústia e mal-estar para os estudantes um catalisador para reflexões profícuas, capazes de melhorar o rendimento escolar e o respeito entre os membros da comunidade escolar. Para que todas as pessoas tenham o direito básico de serem quem elas são, é necessário que os sistemas de ensino promovam uma intensa reflexão sobre os recessos da ordem social da qual são parte integrante. As(os) professoras(es) necessitam de uma formação que os habilite a identificar o quanto as suas práticas são comprimidas pelo peso das estruturas sociais.

A sexualidade não se detém entre quatro paredes. Ela é cruzada de ponta a ponta pelo poder, que por sua parte deve ser visto não como uma entidade incorpórea, mas como uma relação. As classes dominantes têm um calcanhar de Aquiles: elas dependem da anuência das classes dominadas, que pode desaparecer de uma hora para outra. Para que isso não aconteça, as elites econômicas e seus asseclas mantêm sob rédea curta aqueles capazes de romper a letargia do povo.

Como as(os) professoras(es) também são vítimas de uma educação heteronormativa, é preciso que as(os) militantes do movimento LGBTQIA+ atuem como intelectuais orgânicos e ajudem a forjar um currículo mais plural, apto a transformar mentalidades e práticas e a concretizar em definitivo a dignidade humana. Urge pressionar o poder público para: implantação de políticas efetivas, confecção de materiais didáticos relevantes, capacitação e apoio às/aos profissionais da educação, apoio a estudantes LGBTQIA+ e suas famílias, lançamento de campanhas informativas para a população sobre os direitos das minorias sexuais e de gênero, estabelecimento de parcerias estratégicas, monitoramento da violência LGBTQIA+fóbica e avaliação das respostas.

REFERÊNCIAS

ABRAMOWICZ, A. Prefácio. *In:* FERREIRA, Aparecida de Jesus (org.). **Relações étnico-raciais, de gênero e sexualidade:** perspectivas contemporâneas. Ponta Grossa: Editora UEPG, 2014.

ABRAMOWICZ, A.; RODRIGUES, T. C.; CRUZ, A. C. J. da. A diferença e a diversidade na educação. **Contemporânea – Revista de Sociologia da UFSCar**, São Carlos, n. 2. p. 85-97, 2011.

ABREU, M. Feminismo materialista na França: sócio-história de uma reflexão. **Revista Estudos Feministas**, Florianópolis, v. 26, n. 3, e54237, 2018. Disponível em: https://www.scielo.br/j/ref/a/f7pK66FVCcsSmzQnnMGTkKw/?format=pdf&lang=pt Acesso em: 24 mar. 2022.

AGÊNCIA DOS DIREITOS FUNDAMENTAIS DA UNIÃO EUROPEIA. **Homofobia e Discriminação em razão da Orientação Sexual e da Identidade de Género nos Estados-Membros da UE**. Parte II: A Situação Social. Viena: European Union Agency for Fundamental Rights - FRA, 2009.

AGUIÃO, S. "Não somos um simples conjunto de letrinhas": disputas internas e (re)arranjos da política "LGBT". **Cad. Pagu**, Campinas, n. 46, p. 279-310, jan./abr. 2016.

AGUIAR, W. M. J. de; OZELLA, S. Núcleos de significação como instrumento para a apreensão da constituição dos sentidos. **Psicol. cienc. prof.**, Brasília, v. 26, n. 2, p. 222-245, jun. 2006. Disponível em: http://pepsic.bvsalud.org/scielo.php?script=sci_arttext&pid=S1414-98932006000200 006&lng=pt&nrm=iso. Acesso em: 23 mar. 2022.

AGUIAR, W. M. J. de; OZELLA, S. Apreensão dos sentidos: aprimorando a proposta dos núcleos de significação. **Rev. Bras. Estud. Pedagog.**, v. 94, n. 236, p. 299-322, jan./abr. 2013. Disponível em: https://www.scielo.br/j/rbeped/a/Y7jvCHjksZMXBrNJkqq4zjP/?format=pdf&lang=pt Acesso em: 16 jun. 2022.

AGUIAR, W. M. J. de; CARVALHO, M. V. C. de; MARQUES, E. de S. A. Materialismo histórico-dialético: reflexões sobre pensar e fazer pesquisa em educação. *In:* AGUIAR, W. M. J. de; BOCK, A. M. B. **Psicologia sócio-histórica e educação**. São Paulo: Cortez, 2020. E-book.

AGUIAR, W. M. J.; SOARES, J. R.; MACHADO, V. C. Núcleos de significação: uma proposta histórico-dialética de apreensão das significações. **Cadernos de Pesquisa**, São Paulo, Fundação Carlos Chagas, v. 45, n. 155, p. 56-75, mar. 2015.

AGUIAR, W. M. J. de.; GODINHO ARANHA, E. M.; SOARES, J. R. Núcleos de significação: análise dialética das significações produzidas em grupo. **Cadernos de Pesquisa**, São Paulo, v. 51, p. e07305, 2021. Disponível em: http://publicacoes. fcc.org.br/index.php/cp/article/view/7305. Acesso em: 17 mar. 2022.

ALMEIDA, A. Evasão entre travestis é bem maior. **Diário de Cuiabá**, maio 2016. Disponível em: http://www.diariodecuiaba.com.br/cidades/evasao-entre-travestis-e-bem-maior/49050 5. Acesso em: 20 mai. 2022.

ALMEIDA, M. R. **A relação entre a consciência individual e a consciência de classe:** uma análise das contribuições de Vigotski sobre a consciência da classe trabalhadora. 131 p. Dissertação (Mestrado) – UFPR, Curitiba, 2008.

ALLPORT, G. W. **The nature of prejudice**. New York: Basic Books, 1979.

ALTMANN, H. Diversidade sexual e educação: desafios para a formação docente. **Sexualidad, Salud y Sociedad**, Rio de Janeiro, n. 13, p. 69-82, abr. 2013. Disponível em: http://old.scielo.br/scielo.php?script=sci_arttext&pid=S1984-64872013000100004&ln g=en&nrm=iso. Acesso em: 26 maio 2022.

ALVES, S. P. El mar deja de moverse. **Aurora**, 5, maio 2009. Disponível em: https://www.pucsp.br/revistaaurora/ed5_v_maio_2009/resenhas/download/ed5/5_res enha.pdf. Acesso em: 30 nov. 2021.

ALVES, J. E. D. Rio Branco (AC)re: a capital mais adiantada na transição religiosa. **Portal EcoDebate**, abr. 2017. Disponível em: https://www.ecodebate.com. br/2017/04/10/rio-brancoacre-capital-mais-adiantada-n a-transicao-religiosa-artigo-de-jose-eustaquio-diniz-alves/. Acesso em: 7 abr. 2022.

ALVES, R. de C. D. P.; SILVA, E. L. dos S. Universidade, gênero e sexualidade: experiências curriculares e formativas de estudantes não heterossexuais na UFRB. **Gênero**, Niterói, v. 17, n. 1, p. 83-98, 2. sem. 2016. Disponível em: https:// periodicos.uff.br/revistagenero/article/view/31253. Acesso em: 20 abr. 2022.

AMBROSE, T. **Heróis e exílios:** ícones gays através dos tempos. Tradução de Elisa Nazarian. Belo Horizonte: Gutenberg, 2011.

AMERICAN ANTHROPOLOGICAL ASSOCIATION. Statement on human rights: submitted to the commission on human rights, United Nations by the executive board, American Anthropological Association. **American Anthropologist**, New Series, v. 49, n. 4, part 1, p. 539-543, oct./dec. 1947.

ANDERSON, S. **Crítica ao feminismo:** a ideologia feminista como prisão feminina. Tradução de Marcus Gomes. Goiânia: Edições Enfrentamento, 2021. E-book.

ANDRADE, C. D. de. **A rosa do povo**. 21. ed. Rio de Janeiro: Record, 2000.

ANDRADE, Márcia Irene Pereira; LIMA, Alana Menezes de; GOMES, Hellen Bastos. Formação profissional e diversidade sexual: a "metodologia do silêncio" no projeto pedagógico do curso de Serviço Social da UFAM. *In:* **Anais [...]** 16.º Encontro Nacional de Pesquisadores em Serviço Social. 2018, Vitória. p. 1-16.

ANDRÉ, M. E. D. A. de. **Etnografia da prática escolar**. 18. ed. Campinas, SP: Papirus, 2012.

ANDRÊO, C. *et al.* Homofobia na construção das masculinidades hegemônicas: queerizando as hierarquias entre gêneros. **Estud. pesqui. psicol.**, Rio de Janeiro, v. 16, n. 1, p. 46-67, 2016. Disponível em: https://www.e-publicacoes.uerj.br/index.php/revispsi/article/view/24756/17702. Acesso em: 24 maio 2022.

ANDREWS, G. R. O negro no Brasil e nos Estados Unidos. **Lua Nova,** v. 2, n. 1, p. 52-56, jun. 1985. Disponível em: https://www.scielo.br/j/ln/a/HVRFgDFyCw-ZCFn5QZGkF5rs/?lang=pt. Acesso em: 17 jun. 2021.

ANTUNES, R. L. C. **Os sentidos do trabalho:** ensaio sobre a afirmação e a negação do trabalho. 2. ed. São Paulo: Boitempo, 2009.

ANTUNES, R.; PINTO, G. A. **A fábrica da educação:** da especialização taylorista à flexibilização toyotista. São Paulo: Cortez, 2017.

ANTUNES, R. L. C. Ricardo Antunes: "Marx percebe um processo de industrialização do setor de serviços". **Ideias de Esquerda:** Revista de Política e Cultura, n. 2, ago. 2017. Disponível em: https://esquerdadiario.com.br/ideiasdeesquerda/?p=275. Acesso em: 27 abr. 2022.

ANTUNES, R. Da educação utilitária fordista à da multifuncionalidade liofilizada. *In:* SILVA JÚNIOR, J. dos R. *et al.* **Das crises do capital às crises da educação superior no Brasil** - novos e renovados desafios em perspectiva. Uberlândia: Navegando Publicações, 2019. p. 5-18.

ANTUNES, R. **Adeus ao trabalho?:** ensaio sobre as metamorfoses e a centralidade do mundo do trabalho. 11. ed. São Paulo: Cortez; Campinas, SP: Editora da Universidade Estadual de Campinas, 2006.

ANZOLIN, B.; MOSCHETA, M. S. Psicologia e diversidade sexual na atenção básica. **Psicologia:** Ciência e Profissão, 2019, v. 39, n. spe 3, e228644, p. 206-221. Disponível em: https://www.scielo.br/j/pcp/a/k38nyqNQHCBn3zxzJLyL88x/?-format=pdf&lang=pt Acesso em: 4 jun. 2022.

APPLE, M. W. **Ideology and curriculum**. 4. ed. New York: Routledge, 2019.

APPLE, M. W. **Education and power**. 2. ed. New York and London: Routledge, 2012.

APPLE, M. W.; OLIVER, A. Caminando hacia la derecha: la educación y la formación de movimientos conservadores. *In:* GENTILI, P. (coord.). **Pedagogía de la exclusión:** crítica al neoliberalismo en educación. Traducción: Ángeles Godinez Guevara. México: Universidad Autónoma de la Ciudad de México, 2004. p. 405-452.

ARC, Stéphanie. **As lésbicas:** mitos e verdades. Tradução de Marly N. Peres. São Paulo: GLS, 2009.

ARISTÓTELES. **Tratados de lógica (**Órganon**):** Categorías. Tópicos. Sobre las refutaciones sofísticas. Traducción de Miguel Candel Sanmartín. Madrid: Editorial Gredos, 1982.

ARISTÓTELES. **Política**. Bernal: Universidade Nacional de Quilmes; Ciudad Autónoma de Buenos Aires: Prometeo Libros, 2015.

ARISTÓTELES. **De Partibus Animalium I and De Generatione Animalium I**. Translation D. M. Balme. New York: Oxford University Press, 1992.

ARROYO, M. G. **Currículo, território em disputa**. 5. ed. Petrópolis, RJ: Vozes, 2013.

ARROYO, M. G. Paulo Freire: outro paradigma pedagógico? **Educação em Revista**, Belo Horizonte, Dossiê - Paulo Freire: O Legado Global, v. 35, e214631, 2019. Disponível em: https://www.scielo.br/j/edur/a/yntcdQPN9668CrYfmw6QTc-Q/?format=pdf&lang=pt Acesso em: 15 maio 2022.

ARRUZZA, C. Considerações sobre gênero: reabrindo o debate sobre patriarcado e/ou capitalismo. **Revista Outubro**, n. 23, p. 33-58, 1.º semestre 2015. Disponível em: http://outubrorevista.com.br/wp-content/uploads/2015/06/2015_1_04_Cinzia-Arruza.p df. Acesso em: 29 maio 2022.

ASSOCIAÇÃO BRASILEIRA DE LÉSBICAS, GAYS, BISSEXUAIS, TRAVESTIS, TRANSEXUAIS E INTERSEXOS. **História de luta.** Niterói, [s.d.]. Disponível em: https://www.abglt.org/historia. Acesso em: 28 jul. 2021.

ASSOCIAÇÃO BRASILEIRA DE LÉSBICAS, GAYS, BISSEXUAIS, TRAVESTIS E TRANSEXUAIS; SECRETARIA DE EDUCAÇÃO. **Pesquisa Nacional sobre o Ambiente Educacional no Brasil 2015:** as experiências de adolescentes e jovens lésbicas, gays, bissexuais, travestis e transexuais em nossos ambientes educacionais. Curitiba: ABGLT, 2016.

BANA, I. **Bullying, homofobia e responsabilidade civil das escolas:** uma análise sob a proteção dos direitos da personalidade. Birigui, SP: Editora Boreal, 2016.

BARBIERI, B. C.; SANTOS, N. E.; AVELINO, W. F. Violência escolar: uma percepção social. **Revista Educação Pública**, v. 21, n. 7, 2 mar. 2021. Disponível em: https://educacaopublica.cecierj.edu.br/artigos/21/7/violencia-escolar-uma-percepcao-social/. Acesso em: 18 maio 2022.

BARBOSA, M. S. S. **O papel da escola:** obstáculos e desafios para uma educação transformadora. Dissertação de mestrado. Porto Alegre. Ed. UFRS. 2004. 88-106 p.

BARRETO, V. H. S. Quando a pesquisa é o problema: o tabu no estudo das práticas sexuais. **Cadernos de Campo**, *[S. l.]*, v. 26, n. 1, p. 270-293, 2018. Disponível em: https://www.revistas.usp.br/cadernosdecampo/article/view/138577. Acesso em: 30 maio 2022.

BARROCO, M. L. S. Fundamentos éticos do Serviço Social. *In:* **Serviço Social:** Direitos sociais e competências profissionais. Unidade III. Brasília: CFESS, 2009. v. 1.

BATALHA, G. F. O. M. Orientação sexual e discriminação no ambiente laboral. **Revista de Direito Internacional**, Brasília, v. 10, n. 2, p. 369-383, 2013. Disponível em: https://www.publicacoesacademicas.uniceub.br/rdi/article/view/2716. Acesso em: 27 mar. 2022.

BEAUDOIN, M.-N.; TAYLOR, M. **Bullying e desrespeito:** como acabar com essa cultura na escola. Tradução de Sandra Regina Netz. Porto Alegre: Artmed, 2006.

BEAUVOIR, S. de. **O segundo sexo:** fatos e mitos. Tradução de Sérgio Milliet. 3. ed. Rio de Janeiro: Nova Fronteira, 2016. v. 1.

BENEVIDES, B. G.; NOGUEIRA, S. N. B. (org.). **Dossiê dos assassinatos e da violência contra travestis e transexuais brasileiras em 2020**. São Paulo: Expressão Popular, ANTRA, IBTE, 2021.

BERCITO, D. Gays e bissexuais condenados no Reino Unido são perdoados. **Folha Digital**, jan. 2017. Disponível em: https://www1.folha.uol.com.br/mundo/2017/01/1854547-gays-e-bissexuais-condenad os-no-reino-unido-sao-perdoados.shtml. Acesso em: 29 nov. 2021.

BERMÚDEZ, A. C. Ministro da Educação critica a palavra "educação": "quem educa é a família". **UOL**, set. 2019. Não paginado. Disponível em: https://educacao.uol.com.br/noticias/2019/09/26/ministro-da-educacao-critica-a-palavra-educacao-quem-educa-e-familia.htm. Acesso em: 22 abr. 2022.

BETTINSOLI, M. L.; SUPPES, A.; NAPIER, J. L. Predictors of Attitudes Toward Gay Men and Lesbian Women in 23 Countries. **Social Psychological and Personality Science**, v. 11, n. XX(X), 5, p. 697-708, jul. 2020.

BOAS, F. **Race, language and culture**. New York: Macmillan, 1940.

BOCK, A. M. B.; KULNIG, R. de C. M.; SANTOS, L. N. Pesquisando a dimensão subjetiva da realidade: diversificando estratégias e procedimentos. *In:* BOCK, A. M. B.; GONÇALVES, M. da G. M.; ROSA, E. Z. (org.). **Dimensão subjetiva**: uma proposta para uma leitura crítica em Psicologia. São Paulo: Cortez Editora, 2020. p. 74-95.

BORRILLO, D. **Homofobia:** história e crítica de um preconceito. Tradução de Guilherme João de Freitas Teixeira. Belo Horizonte: Autêntica Editora, 2010.

BORTOLINI, A. *et al.* **Trabalhando diversidade sexual e de gênero na escola:** currículo e prática pedagógica. Rio de Janeiro: UFRJ, 2014.

BOSI, A. A interpretação da obra literária. *In:* BOSI, A. **Céu, Inferno**. São Paulo: Duas Cidades; Ed. 34, 2003. p. 461-479.

BOURDIEU, P. **A dominação masculina**. Tradução de Maria Helena Kühner. 11. ed. Rio de Janeiro: Bertrand Brasil, 2012.

BRAGA, R. **A rebeldia do precariado:** trabalho e neoliberalismo no Sul global. São Paulo: Boitempo, 2017.

BRAGA, I. F. *et al.* Violência familiar contra adolescentes e jovens gays e lésbicas: um estudo qualitativo. **Rev Bras Enferm**, v. 71 (Supl 3), p. 1220-7, 2018. Disponível em: https://www.scielo.br/j/reben/a/QLcYP6GCnTkymQY8s6SwkBs/?-format=pdf&lang=pt Acesso em: 28 nov. 2021.

BRANDÃO, J. de S. **Mitologia grega**. 2. ed. Petrópolis, RJ: Vozes, 1986. v. 1.

BRANDÃO, C. R. **Paulo Freire, educar para transformar:** fotobiografia. São Paulo: Mercado Cultural, 2005.

BRASIL. Câmara dos Deputados. **Projeto de Lei n.º**, de 2013. Dispõe sobre o Estatuto da Família e dá outras providências. Disponível em: https://www.camara.leg.br/proposicoesWeb/prop_mostrarintegra;jsessionid=559583BE-6B14801B1551866FEA7638F4.proposicoesWebExterno1?codteor=1159761&filena me=PL+6583/2013. Acesso em: 11 jun. 2022.

BRASIL. Senado Federal. **Projeto de Lei do Senado 612/2011.** Altera os arts. 1.723 e 1.726 do Código Civil, para permitir o reconhecimento legal da união estável entre pessoas do mesmo sexo. Disponível em: https://www25.senado.leg.br/web/atividade/materias/-/materia/102589. Acesso em: 16 set. 2021.

BRASIL. Câmara dos Deputados. **Projeto de Lei n.º**, de 2014. Altera o art. 3.º da Lei n.º 9.394, de 20 de dezembro de 1996, que estabelece as diretrizes e bases da educação nacional. Disponível em: http://www.camara.gov.br/proposicoesWeb/prop_mostrarintegra;jsessionid=33F11CD 6681198837E2E5898608C4E39.pro-posicoesWebExterno2?codteor=1230836&filena me=PL+7180/2014. Acesso em: 9 jun. 2022.

BRASIL. Ministério da Saúde. **Adolescentes e jovens para a educação entre pares:** diversidades sexuais. Brasília: Ministério da Saúde, 2011.

BRASIL. **Lei de Diretrizes e Bases da Educação Nacional**, LDB. 9394/1996.

BRASIL. Ministério da Mulher, da Família e dos Direitos Humanos. **Resolução n. 12,** de 16 de janeiro de 2015. Estabelece parâmetros para a garantia das condições de acesso e permanência de pessoas travestis e transexuais e todas aquelas que tenham sua identidade de gênero não reconhecida em diferentes espaços sociais – nos sistemas e instituições de ensino, formulando orientações quanto ao reconhecimento institucional da identidade de gênero e sua operacionalização. Disponível em: https://www.gov.br/mdh/pt-br/acesso-a-informacao/partici-pacao-social/old/cncd-lgbt/r esolucoes/resolucao-012. Acesso em: 18 abr. 2022.

BRASIL. **Constituição da República Federativa do Brasil:** texto constitucional promulgado em 5 de outubro de 1988, com as alterações determinadas pelas

Emendas Constitucionais de Revisão nos 1 a 6/94, pelas Emendas Constitucionais nos 1/92 a 91/2016 e pelo Decreto Legislativo no 186/2008. Brasília: Senado Federal, Coordenação de Edições Técnicas, 2016.

BRASIL. Ministério da Educação. **Resolução n. 4**, de 13 de julho de 2010, do Conselho Nacional de Educação. Define Diretrizes Curriculares Nacionais Gerais para a Educação Básica. Disponível em: http://portal.mec.gov.br/dmdocuments/rceb004_10.pdf. Acesso em: 13 jun. 2022.

BRASIL. Ministério da Educação. **Lei n. 9.394**, de 20 de dezembro de 1996. Estabelece as diretrizes e bases da educação nacional. Disponível em: http://www.planalto.gov.br/ccivil_03/leis/l9394.htm. Acesso em: 13 jun. 2022.

BRASIL, Ministério da Educação. **Parâmetros Curriculares Nacionais para o Ensino Fundamental**. Brasília: MEC/SEF, 1997.

BRAVERMAN, H. **Labor and monopoly capital:** the degradation of work in the twentieth century. New York: Monthly Review Press, 1998.

BREÑA, C. M. A quarta onda do feminismo e o mundo gay se estranham. **El País**, nov. 2018. Disponível em: https://brasil.elpais.com/brasil/2018/11/16/internacional/1542392343_090003.html Acesso em: 3 maio 2022.

BRITZMAN, D. P. **Lost subjects and contested objects:** toward a psychoanalytic inquiry of learning. Albany: State University of New York Press, 1998.

BUENO, S. *et al.* **Visível e invisível:** A vitimização de mulheres no Brasil. 3. ed. São Paulo: Fórum Brasileiro de Segurança Pública: Instituto Datafolha, 2021.

BULLOUGH, V. L. Book review "Alfred C. Kinsey: sex the measure of all things; a biography". **Journal of Sex Research**, v. 36, p. 306-315, 1999.

CALZO, J.P.; BLASHILL, A. J. Child Sexual Orientation and Gender Identity in the Adolescent Brain Cognitive Development Cohort Study. **JAMA Pediatr**, v. 172, n. 11, p. 1090-1092, 2018.

CAMPOS, Joab César Souza; SOARES, Adriana Maria Barbosa; CABRAL, Ana Lúcia de Medeiros; FAUSTINO, Cleidjane Gomes. Uma nova mulher: o climatério e suas alterações fisiopsicoemocionais. *In:* **Anais [...]** III Congresso Internacional de Envelhecimento Humano, 2013, Campina Grande. Disponível em: https://www.editorarealize.com.br/editora/anais/cieh/2013/Comunicacao_oral_idinscrito_454_dab1058e0633551b98fee8b6c3a0b0e5.pdf. Acesso em: 17 maio 2022.

CANDAU, V. M. F. Cotidiano escolar e práticas interculturais. **Cadernos de Pesquisa**, São Paulo, v. 46, n. 161, p. 802-820, set. 2016.

CANDAU, V. M. F. Diferenças culturais, cotidiano escolar e práticas pedagógicas. **Currículo sem Fronteiras**, v. 11, n. 2, p. 240-255, jul./dez. 2011. Disponível em: https://saopauloopencentre.com.br/wp-content/uploads/2019/05/candau.pdf. Acesso em: 26 jan. 2022.

CANDAU, V. M. F.; SACAVINO, S. B. Educação em direitos humanos e formação de educadores. **Educação**, Porto Alegre, v. 36, n. 1, p. 59-66, jan./abr. 2013.

CARIOCA, J. Economia do Acre está entre as três piores do país, diz IBGE. **AC 24 Horas**, nov. 2016. Disponível em: https://ac24horas.com/2016/11/30/economia--do-acre-esta-entre-as-tres-piores-do-pai s-diz-ibge/ Acesso em: 30 maio 2022.

CARNEIRO, L. B. **Teto de vidro:** um estudo sobre os fatores deste fenômeno no Brasil sob a percepção das mulheres gestoras. 107 p. 2018. Dissertação (Mestrado) – Universidade Federal do Rio Grande - FURG, Programa de Pós-Graduação em Administração, Rio Grande/RS, 2018.

CAVECHINI, R. Prefácio. *In:* MARTINS, M. A. V. **O professor como agente político**. 4. ed. São Paulo: Edições Loyola, 1995. p. 9-12.

CERQUEIRA-SANTOS, E.; AZEVEDO, H. V. P.; RAMOS, M. de M. Preconceito e Saúde Mental: Estresse de Minoria em Jovens Universitários. **Revista de Psicologia da IMED**, Passo Fundo, v. 12, n. 2, p. 7-21, ago. 2020. Disponível em: https://seer.imed.edu.br/index.php/revistapsico/article/view/3523. Acesso em: 17 maio 2022.

CHAGAS, E. F. O pensamento de Marx sobre a subjetividade. **Trans/Form/Ação**, Marília, v. 36, n. 2, p. 63-84, maio/ago. 2013. Disponível em: https://www.scielo.br/j/trans/a/qhWBvjmF5DjWmyMZvc3pzGN/?lang=pt. Acesso em: 12 jun. 2022.

CHANTER, T. **Gender:** key concepts in philosophy. New York: Continuum, 2007.

CHAUÍ, M. de S. **Repressão sexual:** essa nossa (des)conhecida. 12. ed. São Paulo: Brasiliense, 1991.

CHAUNCEY JR., G. From Sexual Inversion To Homosexuality: Medicine And The Changing Conceptualization Of Female Deviance. **Salmagundi**, n. 58/59, p. 114-146, Fall 1982-Winter 1983.

CISNE, M. **Feminismo e consciência de classe no Brasil**. São Paulo: Cortez, 2015.

COHEN, S. **Folk devils and moral panics:** the creation of the Mods and Rockers. New York: Routledge, 2011.

COLLINS, P. H.; BILGE, S. **Interseccionalidade**. Tradução de Rane Souza. São Paulo: Boitempo, 2020.

COLLINS, R. **Quatro tradições sociológicas**. Tradução de Raquel Weiss. Petrópolis, RJ: Vozes, 2009.

CONNELL, R.; MESSERSCHMIDT, J. Masculinidade hegemônica: repensando o conceito. **Revista Estudos Feministas**, Florianópolis, v. 21, n. 1, p. 241-282, jan./abr. 2013.

CORTINA, A. **Aporofobia, a aversão ao pobre:** um desafio para a democracia. Tradução de Daniel Fabre. São Paulo: Editora Contracorrente, 2020. E-book.

COSTA, J. F. **A inocência e o vício:** estudos sobre o homoerotismo. Rio de Janeiro: Relume-Dumará, 1992.

COSTA, F. C. da S.; MELO, D. A. de. Racismo é (só) falta de Informação?: caminhos entre informação e desinformação. Folha de rosto. **Revista de Biblioteconomia e Ciência da Informação**, Juazeiro do Norte, v. 7, n. 1, p. 177-194, jan./abr. 2021.

COSTA, A. C. A. da.; MISSIATTO, L. A. F.; MARTINES, E. A. L. de M. Diálogo sobre sexualidade na comunicação entre pais e filhos adolescentes. **Revista Brasileira de Sexualidade Humana**, [*S. l.*], v. 32, n. 2, 2021. Disponível em: https://www. rbsh.org.br/revista_sbrash/article/view/978. Acesso em: 21 abr. 2022.

CUNHA, E. P.; GUEDES, L. T. Recepções do ideário marxista pelo pensamento administrativo: da oposição indireta à assimilação relativa. **O&S**, Salvador, v. 24, n. 82, p. 432-455, jul./set 2017. Disponível em: https://www.scielo.br/j/osoc/a/ MgrMmHdGc9Lvds8YmpxL8Nt/?lang=pt. Acesso em: 28 maio 2022.

DANTAS, C. 7 perguntas sobre como a ciência vê a chamada "cura gay". **G1**, set. 2017. Disponível em: https://g1.globo.com/ciencia-e-saude/noticia/7-perguntas- -sobre-como-a-ciencia-ve-a- chamada-cura-gay.ghtml. Acesso em: 28 nov. 2021.

DANTAS, B. S. do A. A dupla linguagem do desejo na Igreja Evangélica Bola de Neve. **Religião e Sociedade**, Rio de Janeiro, v. 30, n. 1, p. 53-80, 2010. Disponível em: https://www.scielo.br/j/rs/a/h6Ghyfmy9X8F5bcPymfsw4P/?format=pd- f&lang=pt Acesso em: 7 abr. 2022.

D'ATRI, A. **Pão e rosas:** identidade de gênero e antagonismo de classe no capitalismo. Tradução de Miriam Rouco, Marina Fuser e Fernanda Figueira. São Paulo: Edições Iskra, 2008.

DE CICCO, R. R. **Diversidade sexual, escola e família:** contribuições para as práticas de ensino. 2017. Tese (Doutorado) – Pós-Graduação em Ensino em Biociências e Saúde, Instituto Oswaldo Cruz, Rio de Janeiro, 2017.

DE CICCO, R. R.; VARGAS, E. P. Diversidade sexual, gênero e novas formas de organização da família: questões para o ensino e a comensalidade. **Demetra**, v. 11, n. 3, p. 539-557, 2016. Disponível em: https://www.e-publicacoes.uerj.br/index.php/demetra/article/view/22446/18412. Acesso em: 22 abr. 2022.

DEFENSORIA PÚBLICA DO ESTADO DE SÃO PAULO. Núcleo especializado de promoção e defesa dos direitos da mulher. **Vamos falar sobre:** liberdade sexual. São Paulo, 2013.

D'EMILIO, J. O capitalismo tornou a identidade gay possível. Agora precisamos destruí-lo. Entrevista concedida a Meagan Day. **Jacobin**, jan. 2021. Tradução de Natanael Alencar. Disponível em: https://jacobin.com.br/2021/01/o-capitalismo-tornou-a-identidade-gay-possivel-agora- precisamos-destrui-lo/ Acesso em: 28 abr. 2022.

DESCARTES, R. **Discurso do método**. Tradução de Maria Ermantina Galvão. São Paulo: Martins Fontes, 2001.

DESLANDES, K. **Formação de professores e direitos humanos:** construindo escolas promotoras da igualdade. Belo Horizonte: Autêntica Editora; Ouro Preto, MG: UFOP, 2020.

DESSUNTI, E. M.; SOUBHIA, Z.; ALVES, E. A formação de recursos humanos em saúde e a diversidade sexual. *In:* FIGUEIRÓ, M. N. D. (org.). **Educação sexual:** múltiplos temas, compromissos comuns. Londrina: UEL, 2009. p. 59-86.

DIAMOND, Lisa M. **Sexual fluidity:** understanding women's love and desire. Cambridge, MA: Harvard University Press, 2009.

DIAS, M. B. **União homossexual, o preconceito e a justiça**. 3. ed. Porto Alegre: Livraria do Advogado, 2005.

DIEESE. Quem cuida das cuidadoras: trabalho doméstico remunerado em tempos de coronavírus. **Estudos e pesquisas,** São Paulo, n. 96, jul. 2020. Disponível em: https://www.dieese.org.br/estudosepesquisas/2020/estPesq96covidTrabalhoDomestico.html#:~:text=DIEESE%20%2D%20estudos%20e%20 pesquisas%20%2D%20EP,tempos%20de%20coronav%C3%ADrus%20%2D%20 julho%2F2020&text=forma%20mais%20acentuada.&text=empregadores.&-text=absoluta%20da%20categoria%20ser%20composta%20por%20mulheres. Acesso em: 3 abr. 2021.

DINIS, N. F. Por uma pedagogia queer. **Itinerarius Reflectionis**, Goiânia, v. 9, n. 2, 2014. Disponível em: https://www.revistas.ufg.br/rir/article/view/27710. Acesso em: 30 mai. 2022.

DINIZ, D. Antropologia e os limites dos direitos humanos: o dilema moral de Tashi. *In:* NOVAES, R. R.; LIMA, R. K. de (org.). **Antropologia e direitos humanos**. Niterói: EdUFF, 2001. p. 17-46.

DREIER, O. Foreword. *In:* GONZÁLEZ REY, F.; MITJÁNS MARTÍNEZ, A.; GOULART, D. M. (org.). **Subjectivity within Cultural-Historical Approach:** Theory, methodology and research. Singapore: Springer, 2019, p. v-x.

DRIVER, S. S. **A Declaração da Independência dos Estados Unidos**. Tradução de Mariluce Pessoa. Rio de Janeiro: Jorge Zahar Ed., 2006.

DUMONT, L. **O individualismo:** uma perspectiva antropológica da ideologia moderna. Tradução de Álvaro Cabral. Rio de Janeiro: Rocco, 1985.

DUSSEL, E. **A produção teórica de Marx:** um comentário ao Grundisse. Tradução de José Paulo Netto. São Paulo: Expressão Popular, 2012.

DUSSEL, I. Foucault and education. *In:* APPLE, M. W.; BALL, S. J.; GANDIN, L. (ed.). A. **The Routledge internacional handbook of the Sociology of Education**. Abingdon, Oxon: Routledge, 2010. p. 27-36.

EAGLETON, T. **As ilusões do pós-modernismo**. Tradução de Elisabeth Barbosa. Rio de Janeiro: Jorge Zahar Editor, 1998.

ENGELS, F. O papel do trabalho na transformação do macaco em homem (1876). **Revista Trabalho Necessário**, v. 4, n. 4, dez. 2006. Disponível em: https:// periodicos.uff.br/trabalhonecessario/article/view/4603. Acesso em: 1 maio 2022.

ENGELS, F. **A origem da família, da propriedade privada e do Estado:** em conexão com as pesquisas de Lewis H. Morgan. Tradução de Nélio Schneider. São Paulo: Boitempo, 2019.

EISENSTEIN, Z. Hacia el desarollo de una teoría del patriarcado capitalista y el feminismo socialista. *In:* EISENSTEIN, Z. (comp.). **Patriarcado capitalista y feminismo socialista**. México: Siglo Veintiuno Editores, 1980. p. 15-47.

ESPEJO, J. C. Discriminación por orientación sexual en el sistema escolar chileno: 2009 -2016. **Revista Ibero-Americana de Estudos em Educação**, v. esp. 13, n. 2, p. 1471-1502, 2018. Disponível em: https://www.redalyc.org/journal/6198/619866756019/html/ Acesso em: 25 maio 2022.

EW, R. de A. S. *et al.* Diálogos sobre sexualidade na escola: uma intervenção possível. **Psicol. pesq.**, Juiz de Fora, v. 11, n. 2, p. 51-60, dez. 2017. Disponível em: http://pepsic.bvsalud.org/scielo.php?script=sci_arttext&pid=S1982-12472017000200007&lng=pt&nrm=iso. Acesso em: 12 maio 2022.

FAGUNDEZ, G. T. A política das diferenças no capitalismo parasitário: uma alternativa ao processo de homogeneização vivenciado como impacto social emergente da sociedade global. **Revista Direitos Emergentes na Sociedade Global**, *[S. l.]*, v. 6, n. 1, p. 60-79, 2018. Disponível em: https://periodicos.ufsm.br/REDESG/article/view/30297. Acesso em: 30 maio 2022.

FANTE, C. **Fenômeno bullying:** como prevenir a violência nas escolas e educar para a paz. São Paulo: Verus, 2011.

FEDERICI, S. **Calibã e a bruxa:** mulheres, corpo e acumulação primitiva. Tradução de Coletivo Sycorax. São Paulo: Elefante, 2017.

FERNANDES, F. **Capitalismo dependente e classes sociais na América Latina**. 2. ed. Rio de Janeiro: Zahar Editores, 1975.

FERNANDES, L. I.; FERREIRA, C. A. O Movimento Escola Sem Partido: ascensão e discurso. **Humanidades em diálogo**, *[S. l.]*, v. 10, p. 194-209, 2021. Disponível em: https://www.revistas.usp.br/humanidades/article/view/159234. Acesso em: 7 jun. 2022.

FERRER, J. J.; ÁLVAREZ, J. C. **Para fundamentar a bioética**: Teorias e paradigmas teóricos na bioética contemporânea. São Paulo: Edições Loyola, 2005.

FEUERSCHÜTTE, S. G.; ZAPPELLINI, M. B. O uso da triangulação na pesquisa científica brasileira em administração. **Administração:** Ensino e Pesquisa, v. 16, n. 2, 241-273, 2015. Disponível em: https://www.redalyc.org/articulo.oa?id=533556754005. Acesso em: 29 maio 2022.

FIGUEIREDO. G. de O.; ORRILLO, Y. A. D. Currículo e ideologia: estudos críticos na educação superior em saúde. **Trab. Educ. Saúde**, Rio de Janeiro, v. 18, n. s1, e0024880, p. 1-29, 2020. Disponível em: https://www.scielo.br/j/tes/a/N7QC9BGzyxdh5V7j7rbQJjR/?format=pdf&lang=pt. Acesso em: 19 abr. 2022.

FIGUEIREDO, R. V. de. A formação de professores para a inclusão dos alunos no espaço pedagógico da diversidade. *In:* MANTOAN, M. T. E. (org.). **O desafio das diferenças nas escolas**. 4. ed. Petrópolis, RJ: Vozes, 2011. p. 141-145.

FIGUEIRÓ, M. N. D. **Formação de educadores sexuais:** adiar não é mais possível. 2. ed. Londrina: Eduel, 2020. E-book.

FIGUEREDO, A. M.; MACHADO, L. V.; CASTRO, A. Educação e diversidade: a percepção de futuros docentes acerca da relação professor/aluno/público LGBT. **Revista Atos de Pesquisa em Educação**, Blumenau, v. 15, n. 4, p. 1021-1041, out./dez., 2020.

FIORI, E. M. Prefácio: Aprender a dizer a sua palavra. *In:* FREIRE, P. **Pedagogia do oprimido**. 60. ed. Rio de Janeiro: Paz e Terra, 2016. p. 33-52.

FISHER, M. **Realismo capitalista:** é mais fácil imaginar o fim do mundo do que o fim de capitalismo? Tradução de Rodrigo Gonsalves, Jorge Adeodato e Maikel da Silveira. São Paulo: Autonomia Literária, 2020.

FUNDO NACIONAL DE DESENVOLVIMENTO DA EDUCAÇÃO. Ministério da Educação. **Parâmetros Curriculares Nacionais:** Orientação sexual. Disponível em: http://basenacionalcomum.mec.gov.br/images/pcn/orientacao.pdf. Acesso em: 13 jun. 2022.

FOUCAULT, M. **A arqueologia do saber**. Tradução de Luiz Felipe Baeta Neves. 7. ed. Rio de Janeiro: Forense Universitária, 2008.

FOUCAULT, M. El sujeto y el poder. *In:* DREYFUS, H. L.; RABINOW, P. **Michel Foucault:** más allá del estructuralismo y la hermenêutica. Traducción de Rogelio C. Paredes. Buenos Aires: Ediciones Nueva Visión, 2001. p. 241-259.

FOUCAULT, M. **História da sexualidade I:** a vontade de saber. 13. ed. Tradução de Maria Thereza da Costa Albuquerque e J. A. Guilhon Albuquerque. Rio de Janeiro: Edições Graal, 1988.

FOURNIER, A. B. What Does Gender Nonconforming Mean? **Verywell Mind**, fev. 2022. Disponível em: https://www.verywellmind.com/gender-nonconforming-definition-4582878 Acesso em: 29 abr. 2022.

FREIRE, P. **Pedagogia da esperança:** um reencontro com a pedagogia do oprimido. Rio de Janeiro: Paz e Terra, 2013. E-book.

FREIRE, P. **Pedagogia da indignação:** cartas pedagógicas e outros escritos. São Paulo: Editora UNESP, 2000.

FREIRE, P. **Pedagogia da autonomia:** saberes necessários à prática educativa. 51. ed. Rio de Janeiro: Paz e Terra, 2015.

FREIRE, P. **Educação e mudança.** Tradução de Lilian Lopes Martin. 36. ed. São Paulo: Paz e Terra, 2014.

FREIRE, P.; GUIMARÃES, S. **Lições de casa:** últimos diálogos sobre educação. Rio de Janeiro: Paz e Terra, 2013.

FRIGOTTO, G. **Educação e a crise do capitalismo real.** 6. ed. São Paulo: Cortez, 2010.

FRIGOTTO, G. Inovação/construção do conhecimento. **Interface - Comunic., Saúde, Educ.,** v. 7, n. 13, p. 49-58, ago. 2003.

FRIGOTTO, G. A gênese das teses do Escola sem Partido: esfinge e ovo da serpente que ameaçam a sociedade e a educação. *In:* FRIGOTTO, G. (org.). **Escola "sem" partido:** esfinge que ameaça a educação e a sociedade brasileira. Rio de Janeiro: UERJ, LPP, 2017.

FRY, P. **Para inglês ver:** identidade e política na cultura brasileira. Rio de Janeiro: Ed. Zahar, 1982.

FRY, P.; MACRAE, E. **O que é homossexualidade.** São Paulo: Abril Cultural: Brasiliense, 1985.

FUKUYAMA, F. **The end of history and the last man.** New York: The Free Press, 1992.

FURLANI, J. **Educação sexual na sala de aula:** relações de gênero, orientação sexual e igualdade étnico-racial numa proposta de respeito às diferenças. Belo Horizonte: Autêntica Editora, 2016.

FURLANI, J. "Direitos Humanos", "Direitos Sexuais" e "Pedagogia Queer" – O que essas abordagens têm a dizer à Educação Sexual? *In:* JUNQUEIRA, R. D. (org.). **Diversidade sexual na educação:** problematizações sobre a homofobia nas escolas. Brasília: Ministério da Educação; Unesco, 2009. Coleção Educação para Todos, v. 32. p. 293-323.

FURLANETTO, M. F. *et al.* Educação sexual em escolas brasileiras: revisão sistemática da literatura. **Cad. Pesqui.**, São Paulo, v. 48, n. 168, p. 550-571, jun. 2018. Disponível em: http://old.scielo.br/scielo.php?script=sci_arttext&pid=S0100-15742018000200550&ln g=en&nrm=iso. Acesso em: 18 maio 2022.

FURLANETTO, M. F.; MARIN, A. H.; GONCALVES, T. R. Acesso e qualidade da informação recebida sobre sexo e sexualidade na perspectiva adolescente. **Estud. pesqui. psicol.**, Rio de Janeiro, v. 19, n. 3, p. 644-664, set. 2019. Disponível em: http://pepsic.bvsalud.org/scielo.php?script=sci_arttext&pid=S1808-42812019000300006&lng=pt&nrm=isso. Acesso em: 25 maio 2022.

GADOTTI, M. **História das idéias pedagógicas**. 8. ed. São Paulo: Editora Ática, 2003.

GARBARINO, M. I. Queixa escolar e gênero: a (des)construção de estereótipos na educação. **Revista Brasileira de Educação**, v. 26, e260011, p. 1-21, 2021. Disponível em: https://www.redalyc.org/articulo.oa?id=27566203010. Acesso em: 11 maio 2022.

GASTALDI, A. B. F. *et al.* (org.). **Observatório de mortes violentas de LGBTQIA+ no Brasil - 2020:** relatório da Acontece Arte e Política LGBTQIA+ e Grupo Gay da Bahia. Florianópolis: Editora Acontece Arte e Política LGBTQIA+, 2021.

GIOVEDI, V. M. **Violência curricular e a práxis libertadora na escola pública**. Curitiba: Appris, 2016.

GIROUX, H. A.; PENNA, A. N. Educação social em sala de aula: a dinâmica do currículo oculto. *In:* GIROUX, H. A. **Os professores como intelectuais:** rumo a uma pedagogia crítica da aprendizagem. Tradução de Daniel Bueno. Porto Alegre: Artes Médicas, 1997.

GOLDING, W. **Senhor das moscas**. Tradução de Sergio Flaksman. São Paulo: Alfaguara, 2021.

GOMES, C.; SORJ, B. Corpo, geração e identidade: a Marcha das Vadias no Brasil. **Revista Sociedade e Estado**, Brasília, v. 29, n. 2, p. 433-447, maio/ago. 2014.

GONÇALVES, M. da G. M. A Psicologia como ciência do sujeito e da subjetividade: o debate pós-moderno. *In:* BOCK, A. M. B.; GONÇALVES, M. da G. M.; FURTADO, O. **Psicologia sócio-histórica:** uma perspectiva crítica em psicologia. 6. ed. São Paulo: Cortez, 2015. p. 67-92.

GORDON-REED, A. **The Hemingses of Monticello**. New York: W. W. Norton & Company, 2008.

GORISCH, P. **O reconhecimento dos direitos humanos LGBT:** de Stonewall à ONU. Curitiba: Appris, 2014.

GOUGES, O. de. **Declaração dos Direitos da Mulher e da Cidadã**. Funchal: Nova Delphi, 2010.

GRACINDO, R. V. **Gestão democrática nos sistemas e nas escolas**. Brasília: Universidade de Brasília, 2007.

GRAMSCI, A. **Cadernos do cárcere**. Os Intelectuais. O princípio educativo. Jornalismo. 2. ed. Rio de Janeiro: Civilização Brasileira, 2001. v. 2.

GRAMSCI, A. **Cadernos do cárcere**. Introdução ao Estudo da Filosofia. A filosofia de Benedetto Croce. Tradução de Carlos Nelson Coutinho. Rio de Janeiro: Civilização Brasileira, 1999, v. 1.

GRAMSCI, A. **Prison notebooks**. v. 1. Translation: Joseph A. Buttigieg and Antonio Callari. New York: Columbia UP, 1992.

GRAMSCI, A. **Cadernos do cárcere**. v. 5. Tradução de Luiz Sérgio Henriques. Rio de Janeiro: Civilização Brasileira, 2002.

GRANDESSO, M. A. **Sobre a reconstrução do significado:** uma análise epistemológica e hermenêutica da prática clínica. 2. ed. São Paulo: Casa do Psicólogo, 2006.

GRIMAL, P. **Dicionário da mitologia grega e romana**. Tradução de Victor Jabouille. 5. ed. Rio de Janeiro: Bertrand Brasil, 2005.

GUARESCHI, P. A. **Sociologia crítica:** alternativas de mudança. 61. ed. Porto Alegre: Mundo Jovem, 2008.

GUIZZO, B. S. Gênero e embelezamento na educação infantil. **Revista PerCursos**. Florianópolis, v. 14, n. 26, p. 125-143, jan./jun. 2013.

HAIDER, A. **Armadilha da identidade:** raça e classe nos dias de hoje. Tradução de Leo Vinícius Liberato. São Paulo: Veneta, 2019.

HALL, S. **A identidade cultural na pós-modernidade**. Tradução de Tomaz Tadeu da Silva e Guacira Lopes Louro. Rio de Janeiro: DP&A, 2006.

HALL, S. *et al.* **Policing the crisis:** mugging, the state, and law and order. London: Macmillan, 1978.

HALPERIN, D. M. **How to do the history of homosexuality**. Chicago and London: The University of Chicago Press, 2002.

HAMLIN, C.; PETERS, G. Consumindo como uma garota: subjetivação e empoderamento na publicidade voltada para mulheres. **Lua Nova,** São Paulo, n. 103, p. 167-202, 2018. Disponível em: https://www.scielo.br/j/ln/a/GCqb4qVWnhW-z4zccQjhR7qv/?format=pdf&lang=pt. Acesso em: 22 abr. 2022.

HAN, B.-C. **Sociedade do cansaço**. Tradução de Enio Paulo Giachini. 2. ed. Petrópolis, RJ: Vozes, 2017.

HARVEY, D. **Condição pós-moderna:** uma pesquisa sobre as origens da mudança cultural. Tradução de Adail Ubirajara Sobral e Maria Stela Gonçalves. 17. ed. São Paulo: Edições Loyola, 2008.

HARVEY, D. **17 contradições e o fim do capitalismo**. Tradução de Rogério Bettoni. São Paulo: Boitempo, 2016.

HEGEL, G. W. F. **Fenomenologia do Espírito**. Tradução de Paulo Meneses. 6. ed. Petrópolis, RJ: Vozes; Bragança Paulista: Editora Universitária São Francisco, 2011.

HELLER, A. **O cotidiano e a história**. Tradução de Carlos Nelson Coutinho e Leandro Konder. 7. ed. São Paulo: Paz e Terra, 2004.

HERBERT, S. P. Cidadania. *In:* STRECK, D. R.; REDIN, E.; ZITKOSKI, J. J. (org.). **Dicionário Paulo Freire**. 2. ed. Belo Horizonte: Autêntica Editora, 2010. E-book.

HIROMI, F.; GOIS, A. Evasão maior entre meninos requer atenção. Instituto Unibanco. **Aprendizagem em foco,** n. 56, p. 1-4, out. 2019.

HITCHENS, C. **Mortality**. Toronto: McClelland & Stewart, 2012.

ILLOUZ, E. **Saving the modern soul:** therapy, emotions, and the culture of self-help. Berkeley: University of California Press, 2008.

ILLOUZ, E. **The end of love:** a sociology of negative relations. New York: Oxford University Press, 2019.

ISHAY, M. R. (ed.). **The human rights reader:** major political essays, speeches, and documents from ancient times to the present. New York: Routledge, 2007.

ITURBE, J. R. **El nazismo y el Tercer Reich:** intento de una revisión cultural y política de un tiempo trágico. Chía: Universidad de La Sabana, 2019.

JUNQUEIRA, R. D. A educação frente à diferença/diversidade sexual. **Educação:** Teoria e Prática, Rio Claro, v. 23, n. 44, p. 162-181, set./dez. 2013. Disponível em: http://educa.fcc.org.br/pdf/eduteo/v23n44/v23n44a11.pdf. Acesso em: 12 maio 2022.

JUNQUEIRA, R. D. "Ideologia de gênero": a gênese de uma categoria política reacionária - ou: a promoção dos Direitos Humanos se tornou uma "ameaça à família natural"? *In:* RIBEIRO, P. R. C.; MAGALHÃES, J. C. **Debates contemporâneos sobre Educação para a sexualidade.** Rio Grande: Ed. da FURG, 2017. p. 25-52.

KANT, I. **Observações sobre o sentimento do belo e do sublime.** Tradução de Vinícius Figueiredo. São Paulo: Papirus Editora, 1993.

KANT, I. **Crítica da razão prática.** Tradução de Valerio Rohden. 4. ed. São Paulo: Editora WMF Martins Fontes, 2016.

KASHIURA JR., C. N. **Sujeito de direito e capitalismo.** São Paulo: Outras Expressões: Dobra Universitária, 2014.

KATZ, J. N. **The invention of heterosexuality.** Chicago and London: University of Chicago Press, 2007.

KER, J. A sede pelo pink money já foi longe demais. **Híbrida,** jul. 2018. Não paginado. Disponível em: https://revistahibrida.com.br/2018/07/10/a-sede--pelo-pink-money-esta-indo-longe-de-mais/. Acesso em: 20 jun. 2021.

KIMMEL, M. S. Masculinidade como homofobia: medo, vergonha e silêncio na construção da identidade de gênero. **Equatorial,** v. 3, n. 4, p. 97-124, jan./jul. 2016.

KINSEY, A. C. *et al.* **Sexual behavior in the human female.** Philadelphia and London: W. B. Saunders Company, 1953.

KINSEY, A. C.; POMEROY, W. B.; MARTIN, C. E. **Conducta sexual del varon.** México: Editorial Interamericana, 1949.

KOSIK, K. **Dialética do concreto.** Tradução de Célia Neves e Alderico Toríbio. 7. ed. Rio de Janeiro: Paz e Terra, 2002.

LAQUEUR, T. W. **Inventando o sexo:** corpo e gênero dos gregos a Freud. Tradução de Vera Whately. Rio de Janeiro: Relume Dumará, 2001.

LEHAVOT, K.; LAMBERT, A. J. Toward a Greater Understanding of Antigay Prejudice: On the Role of Sexual Orientation and Gender Role Violation. **Basic and Applied Social Psychology,** v. 29, n. 3, p. 279-292, 2007.

LEITE, V. S. M.; MEIRELLES, R. M. S. de. Perspectivas curriculares sobre a temática gênero e sexualidade no ensino de ciências e biologia: controvérsias no PCN e na BNCC?. **Revista Teias**, [S.l.], v. 22, p. 28-47, dez. 2021. Disponível em: https://www.e-publicacoes.uerj.br/index.php/revistateias/article/view/61586. Acesso em: 11 maio 2022.

LEMINSKI, P. **Distraídos venceremos**. São Paulo: Companhia das Letras, 2017.

LENIN, V. I. Tareas de las Uniones de las Juventudes. *In:* LENIN, V. I. **Obras Completas**. Madrid: Akal Editor, 1978. v. XXXIII, p. 422-440.

LEONTIEV, A. **O desenvolvimento do psiquismo**. Tradução de Rubens Eduardo Frias. 2. ed. São Paulo: Centauro, 2004.

LERNER, G. **A criação do patriarcado:** história da opressão das mulheres pelos homens. Tradução de Luiza Sellera. São Paulo: Cultrix, 2019.

LESSA, S. **Trabalho e proletariado no capitalismo contemporâneo**. São Paulo: Cortez, 2007.

LIMA, D. F. de. **Entre "raças", cotas e ONGs:** uma crítica do antirracismo social-liberal no Brasil. 2020. 120 p. Dissertação (Mestrado em Ciências Sociais) – Departamento de Ciências Sociais, Letras e Artes, Universidade Federal do Rio Grande do Norte, Natal, 2020.

LIMA, M. R. e S. As significações de professor do Ensino Médio sobre a educação inclusiva. **Educação**, [S. l.], v. 45, n. 1, p. e65, p. 1-24, 2020. Disponível em: https://periodicos.ufsm.br/reveducacao/article/view/37039. Acesso em: 9 abr. 2022.

LIONÇO, T.; DINIZ, D. Homofobia, silêncio e naturalização: por uma narrativa da diversidade sexual. **Rev. psicol. polít.**, São Paulo, v. 8, n. 16, p. 307-324, dez. 2008. Disponível em http://pepsic.bvsalud.org/scielo.php?script=sci_arttext&pid=S1519-549X2008000200 009&lng=pt&nrm=isso. Acesso em: 23 maio 2022.

LOCKE, J. **Dois tratados sobre o governo**. Tradução de Julio Fischer. 2. ed. São Paulo: Martins Fontes, 2005.

LORDE, A. **Irmã outsider**. Tradução de Stephanie Borges. Belo Horizonte: Autêntica Editora, 2019.

LOSURDO, D. **Contra-história do liberalismo**. Tradução de Giovanni Semeraro. 2. ed. Aparecida, SP: Idéias & Letras, 2006.

LOURO, G. L. Gênero: questões para a Educação. *In:* BRUSCHINI, C.; UNBERHAUM, S. G. (org.). **Gênero, democracia e sociedade brasileira**. São Paulo: FCC; Ed. 34, 2002.

LOURO, G. L.; FELIPE, J.; GOELLNER, S. V. Introdução. *In:* LOURO, G. L.; FELIPE, J.; GOELLNER, S. V. (org.). **Corpo, gênero e sexualidade:** um debate contemporâneo na educação. 9. ed. Petrópolis, RJ: Vozes, 2013.

LÖWY, M. **Ideologias e ciência social:** elementos para uma análise marxista. 19. ed. São Paulo: Cortez Editora, 2010.

LUKÁCS, G. **História e consciência de classe:** estudos sobre a dialética marxista. Tradução de Rodnei Nascimento. São Paulo: Martins Fontes, 2003.

LUKÁCS, G. **Prolegômenos para a ontologia do ser social**. Tradução de Sérgio Lessa. Maceió: Coletivo Veredas, 2018. v. 13.

LUXEMBURGO, R. **Reforma ou Revolução?** 3. ed. São Paulo: Expressão Popular, 2003.

LUXEMBURGO, R. El folleto Junius: la crisis de la socialdemocracia alemana. *In:* LUXEMBURGO, R. **Obras escogidas**. Ciudad de México: Partido de la Revolución Democrática, 2018. p. 247-358.

LYOTARD, J.-F. **A condição pós-moderna:** um relatório sobre o saber. Lisboa: Gradiva, 2003.

MACEDO, I. Reconhecimento da união de homossexuais pelo STF divide opiniões na Câmara. **Agência Câmara de Notícias**, maio 2011. Disponível em: https://www.camara.leg.br/noticias/214019-reconhecimento-da-uniao-de-homossexuais-pelo-stf-divide-opinioes-na-camara/. Acesso em: 24 ago. 2021.

MADISON, D. S. **Critical ethnography:** methods, ethics and performance. 3. ed. Los Angeles: SAGE Publications, 2019.

MAIA, J. M. E.; PEREIRA, L. F. A. **Pensando com a Sociologia**. Rio de Janeiro: Editora FGV, 2009.

MANTOAN, M. T. E. **Inclusão escolar:** o que é? por quê? como fazer? São Paulo: Moderna, 2003.

MARCOLIN, N. O homem que computava. **Pesquisa Fapesp**, n. 197, p. 88-89, jul. 2012.

MARTINS, L. M. **Exposição:** Contribuições da Psicologia Histórico Cultural para a Pedagogia Histórico-Crítica. Campinas: IFCH-UNICAMP, 2012. p. 1-13. Exposição na Mesa Redonda "Marxismo e Educação: Fundamentos da Pedagogia Histórico-Crítica", do VII Colóquio Internacional Marx e Engels. Disponível em: https://www.ifch.unicamp.br/formulario_cemarx/selecao/2012/trabalhos/Ligia%20Mart ins.pdf. Acesso em: 2 maio 2022.

MARTOCCI, L. **Bullying:** the social destruction of self. Philadelphia: Temple University Press, 2015.

MARX, K. **Crítica da filosofia do direito de Hegel.** Tradução de Rubens Enderle e Leonardo de Deus. São Paulo: Boitempo, 2010.

MARX, K.; ENGELS, F. **A ideologia alemã:** crítica da mais recente filosofia alemã em seus representantes Feuerbach, B. Bauer e Stirner, e do socialismo alemão em seus diferentes profetas. Tradução de Rubens Enderle, Nélio Schneider e Luciano Cavini Martorano. São Paulo: Boitempo, 2007.

MARX, K.; ENGELS, F. **Manifesto comunista.** Tradução de Álvaro Pina e Ivana Jinkings. São Paulo: Boitempo, 2010.

MARX, K. Ad Feuerbach. *In:* MARX, K.; ENGELS, F. **A ideologia alemã:** crítica da mais recente filosofia alemã em seus representantes Feuerbach, B. Bauer e Stirner, e do socialismo alemão em seus diferentes profetas. Tradução de Rubens Enderle, Nélio Schneider e Luciano Cavini Martorano. São Paulo: Boitempo, 2007. p. 537-539.

MARX, K. **Manuscritos econômico-filosóficos.** Tradução de Jesus Ranieri. São Paulo: Boitempo Editorial, 2010.

MARX, K. Prólogo. *In:* MARX, K.; ENGELS, F. **A ideologia alemã:** crítica da mais recente filosofia alemã em seus representantes Feuerbach, B. Bauer e Stirner, e do socialismo alemão em seus diferentes profetas. Tradução de Rubens Enderle, Nélio Schneider e Luciano Cavini Martorano. São Paulo: Boitempo, 2007. p. 523-524.

MARX, K. **Grundrisse:** manuscritos econômicos de 1857-1858: esboços da crítica da economia política. Tradução de Mario Duayer e Nélio Schneider (colaboração de Alice Helga Werner e Rudiger Hoffman). São Paulo: Boitempo; Rio de Janeiro: Ed. UFRJ, 2011. E-book.

MARX, K. **Contribuição à crítica da economia política.** Tradução de Florestan Fernandes. 2. ed. São Paulo: Editora Expressão Popular, 2008.

MARX, K. **O capital:** crítica da economia política. Livro III: o processo global da produção capitalista. Tradução de Rubens Enderle. São Paulo: Boitempo, 2017.

MARX, K. **O capital:** crítica da economia política. Livro I: O processo de produção do capital. Tradução de Rubens Enderle. São Paulo: Boitempo Editorial, 2013. E-book.

MATOS, F. P. **Igualdade de género:** intervenção dos educadores na educação pré-escolar. 2021. 127 f. Dissertação (Mestrado em Educação Pré-Escolar) – Escola Superior de Educação de Paula Frassinetti, Porto, 2021.

MATTOS, C. L. G. de. Estudos etnográficos da educação: uma revisão de tendências no Brasil. *In:* MATTOS, C. L. G. de; CASTRO, P. A. de. (org.). **Etnografia e educação:** conceitos e usos. Campina Grande: EDUEPB, 2011. p. 25-48.

MATUOKA, I. Professor de Alagoas é perseguido por abordar identidade de gênero e diversidade sexual na escola. **Centro de Referências em Educação Integral**, set. 2017. Disponível em: https://educacaointegral.org.br/reportagens/professor-alagoas-perseguido-por-abord ar-identidade-genero-diversidade-sexual/ Acesso em: 10 jun. 2021.

MAYO, E. **The human problems of an industrial civilization**. Routledge: London and New York, 2003.

MAZIEIRO, G. Em 4 anos, Brasil reduz investimento em educação em 56%; cortes continuam. **UOL Notícias,** maio 2019. Disponível em: https://educacao.uol.com. br/noticias/2019/05/02/em-4-anos-brasil-reduz-investiment o-em-educacao- -em-56.htm?cmpid=copiaecola Acesso em: 8 jun. 2022.

MCLAREN, P. **Schooling as a ritual performance:** toward a political economy of educational symbols and gestures. 3. ed. Lanham, MD: Rowman & Littlefield, 1999.

MCCANN, H. *et al.* (colab.). **O livro do feminismo**. Rio de Janeiro: Globo Livros, 2019.

MEILLASSOUX, C. **Maidens, meal and money:** capitalism and the domestic community. Cambridge: Cambridge University Press, 1981.

MENDOS, L. R. *et al.* **Homofobia de Estado 2020:** Actualización del Panorama Global de la Legislación. Genebra: ILGA, 2020.

MENESES, D. Con mis hijos no te metas: un estudio de discurso y poder en un grupo de Facebook peruano opuesto a la "ideología de género". **Anthropologica,**

Lima, v. 37, n. 42, p. 129-154, 2019. Disponível em: http://www.scielo.org.pe/scielo.php?script=sci_arttext&pid=S0254=92122019000100007-&lng=es&nrm-iso. Acesso em: 31 maio 2022.

MEYER, I. H. Minority stress and mental health in gay men. **Journal of Health and Social Behavior**, v. 36, n. 1, p. 38-56, 1995.

MILLETT, K. **Política sexual**. Traducción de Ana María Bravo García. Madrid: Ediciones Cátedra, 1995.

MINICK, N. The development of Vygotsky's thought: An introduction to Thinking and Speech. *In:* DANIELS, H. (ed.). **An introduction to Vygotsky**. London and New York: Routledge, 1996. p. 28-52.

MIRANDA, J. C.; BARROS, M. G. F. B. e. Abordagem do tema sexualidade no ambiente escolar. **Revista Educação Pública**, v. 19, n. 4, fev. 2019. Disponível em: https://educacaopublica.cecierj.edu.br/artigos/19/4/abordagem-do-tema--sexualidade- no-ambiente-escolar. Acesso em: 20 abr. 2022.

MISKOLCI, R.; CAMPANA, M. "Ideologia de gênero": notas para a genealogia de um pânico moral contemporâneo. **Revista Sociedade e Estado**, v. 32, n. 3, set./dez. 2017, p. 725-747. Disponível em: https://www.scielo.br/j/se/a/Ns5kmRtM-cSXDY78j9L8fMFL/?format=pdf&lang=pt. Acesso em: 8 abr. 2022.

MITCHELL, W. J. T. Representation. *In:* LENTRICCHIA, F.; MCLAUAHLIN, T. **Critical terms for literary study**. 2. ed. Chicago: University of Chicago Press, 1995.

MOLINIER, P.; WELZER-LANG, D. Feminilidade, masculinidade, virilidade. *In:* HIRATA, Helena. *et al.* (org.). **Dicionário crítico do feminismo**. São Paulo: Editora Unesp, 2009. p. 101-106.

MORAIS, P. Orgulho LGBT: o que isso quer dizer? **Politize!**, 28 jun. 2018. Disponível em: https://www.politize.com.br/orgulho-lgbt/. Acesso em: 23 abr. 2020.

MOREIRA, A. F. B.; CANDAU, V. M. **Indagações sobre currículo:** currículo, conhecimento e cultura. Brasília: Ministério da Educação, Secretaria de Educação Básica, 2007.

MOTA, G. B.; SOUZA, L. L. de. A diversidade sexual como debate na Residência Pedagógica: um relato de pesquisa sobre a discussão da LGBTfobia na formação de futuros professores de Geografia de uma universidade pública paulista. **Instrumento:** Rev. Est. e Pesq. em Educação, Juiz de Fora, v. 23, n. 3, ed. esp., p. 708-724, set./dez. 2021.

MOTT, L. Homofobia: uma praga cristã. **e-hum:** Revista Científica das áreas de História, Letras, Educação e Serviço Social do Centro Universitário de Belo Horizonte, v. 9, n. 2, ago./dez. 2016. Disponível em: www.http://revistas.unibh. br/index.php/dchla/index Acesso em: 20 maio 2021.

MOTTIER, V. **Sexuality:** a very short introduction. New York: Oxford University Press, 2008.

MOUFFE, C. Por uma política da identidade nômade. *In:* LAMAS, M. (org.). **Debate feminista:** cidadania e feminismo. São Paulo: Melhoramentos, 1999. p. 266-275.

MOURA, R. G. de; NASCIMENTO, R. P.; BARROS, D. F. O problema não é ser gay, é ser feminino: o gay afeminado nas organizações. **Farol - Revista de Estudos Organizacionais e Sociedade**, v. 4, n. 11, p. 1478-1541, 2017. Disponível em: https://revistas.face.ufmg.br/index.php/farol/article/view/3518. Acesso em: 3 maio 2022.

MULVEY, L. **Fetishism and Curiosity**. London: British Film Institute/Indiana: University Press, 1996.

MURASAKI, A. C.; GALHEIGO, S. M. Juventude, homossexualidade e diversidade: Um estudo sobre o processo de sair do armário usando mapas corporais. **Cadernos de Terapia Ocupacional UFSCar**, São Carlos, v. 24, n. 1, p. 53-68, 2016. Disponível em: https://doi. org/10.4322/0104-4931.ctoAO0648. Acesso em: 22 abr. 2022.

NASCIMENTO, M. Palestra de abertura - "Sexualidade masculina: mitos, medos e desejos". *In:* **Anais [...]** I Simpósio de Saúde Sexual e Saúde Reprodutiva Masculina e Encontro Nacional de Coordenadores de Saúde do Homem: relatório final [recurso eletrônico]. Ministério da Saúde, Secretaria de Atenção à Saúde, Departamento de Ações Programáticas Estratégicas. Brasília: Ministério da Saúde, 2018. p. 19-24.

NATIVIDADE, M. T.; OLIVEIRA, L. de. Sexualidades ameaçadoras: religião e homofobia(s) em discursos evangélicos conservadores. **Sexualidad, Salud y Sociedad - Revista Latinoamericana**, Rio de Janeiro, n. 2., p. 121-161, 2009.

NATIVIDADE, M.; OLIVEIRA, L. de. **As novas guerras sexuais:** diferença, poder religioso e identidades LGBT no Brasil. Rio de Janeiro: Garamond, 2013.

NEVES, M. MEC: kit anti-homofobia será entregue preferencialmente a professores. **Agência Câmara Notícias**, maio 2011. Disponível em: https://www.

camara.leg.br/noticias/214711-mec-kit-anti-homofobia-sera-entregue-pre ferencialmente-a-professores/. Acesso em: 6 maio 2022.

NOLASCO, S. **From Tarzan to Homer Simpson:** education and the male violence of the west. Translation: Alexandre K. Oliveira. Rotterdam: Sense Publishers, 2017.

NÓVOA, A. Para uma análise das instituições escolares. *In:* NÓVOA, A. (org.). **As organizações escolares em análise.** Lisboa: Publicações Dom Quixote, 1995. p. 13-42.

NUNAN, A. **Homossexualidade:** do preconceito aos padrões de consumo. Rio de Janeiro: Edição do autor, 2015.

NUNAN, A. Influência do preconceito internalizado na conjugalidade homosse-xual masculina. *In:* GROSSI, M.; UZIEL, A. P.; MELLO, L. (org.). **Conjugalidades, parentalidades e identidades lésbicas, gays e travestis.** Rio de Janeiro: Editora Garamond, 2007. p. 47-67.

OKITA, H. **Homossexualidade:** da opressão à libertação. São Paulo: Editora Sundermann, 2007.

OLIVEIRA, E. T. de; VEDANA, K. G. G. Suicídio e depressão na população LGBT: postagens publicadas em blogs pessoais. **SMAD, Rev. Eletrônica Saúde Mental Álcool Drog. (ed. port.),** Ribeirão Preto, v. 16, n. 4, p. 39-48, dez. 2020. Disponível em: http://pepsic.bvsalud.org/scielo.php?script=sci_arttext&pi-d=S1806-69762020000400 005&lng=pt&nrm=isso. Acesso em: 21 maio 2022.

OLIVEIRA, D. de J.; REIS, J. C. dos. A Educação revolucionária: O uso da educação humanística e interseccional como forma de combate às violências. **Rebeh,** v. 3, n. 12, p. 80-89, out./dez. 2020. Disponível em: https://periodicoscientificos. ufmt.br/ojs/index.php/rebeh/article/view/11420. Acesso em: 20 out. 2021.

OLIVEIRA JÚNIOR, I. B. de; MAIO, E. R. Diversidade sexual e homofobia: a cultura do "desagendamento" nas políticas públicas educacionais. **Práxis Educativa,** Ponta Grossa, Ahead of Print, v. 10, n. 1, jan./jun. 2015. Disponível em: http:// www.revistas2.uepg.br/index.php/praxiseducativa. Acesso em: 12 maio 2022.

OLIVEIRA JÚNIOR, I. B. de. Diretores/as, pedagogos/as e professoras: informantes-chave dos interditos sobre a diversidade sexual e homo-fobia na escola. **e-Curriculum,** São Paulo, v. 17, n. 2, p. 513-542, abr. 2019. Disponível em: http://educa.fcc.org.br/scielo.php?script=sci_arttext&pi-d=S1809-38762019000200513&lng=es&nrm=iso. Acesso em: 26 maio 2022.

ORGANIZACIÓN PANAMERICANA DE LA SALUD. **Masculinidades y salud en la Región de las Américas**. Resumen. Washington, D.C.: OPS; 2019.

ORGANIZAÇÃO DOS ESTADOS AMERICANOS. **Convenção Americana de Direitos Humanos** ("Pacto de San José de Costa Rica"), 1969. Disponível em: https://www.cidh.oas.org/basicos/portugues/c.convencao_americana.htm. Acesso em: 8 abr. 2022.

ORGANIZAÇÃO PAN-AMERICANA DA SAÚDE. **Ação Global Acelerada para a Saúde de Adolescentes (AA-HA!):** guia de orientação para apoiar a Implementação pelos países. Washington, D.C.: Organização Pan-Americana da Saúde, 2018.

ORLANDI, R. *et al.* Educação sexual, deficiência e direitos humanos: sentidos atribuídos por docentes da rede pública de ensino de um município catarinense. *In:* **Anais eletrônicos [...]** VI Congresso Nacional de Educação, 2019, Fortaleza. Fortaleza: Centro de Eventos do Ceará, 2019. Disponível em: https://editorarealize.com.br/editora/ebooks/conedu/2019/ebook1/PROPOSTA_EV127_MD4_ID5704_30082019151556.pdf. Acesso em: 30 maio 2022.

PALAR, J. V.; SILVA, M. B. O. da. O Direito como instrumento contra a opressão feminina. **Direito & Práxis**, Rio de Janeiro, v. 9, n. 2, p. 721-748, 2018. Disponível em: https://www.scielo.br/j/rdp/a/x5trC5QHTqMpVsDSm9h5bfC/abstract/?lang=pt. Acesso em: 28 abr. 2022.

PARRILLA, M. B. **Temas transversais:** um estudo sobre as representações sociais de docentes. 2015. Dissertação (Mestrado em Desenvolvimento Humano) – Programa de Pós-graduação *Stricto Sensu* Interdisciplinar em Desenvolvimento Humano, Universidade de Taubaté, Taubaté, 2015.

PARROTT, D. J.; GIANCOLA, P. R. Addressing "The criterion problem" in the assessment of aggressive behavior: Development of a new taxonomic system. **Aggression and Violent Behavior**, v. 12, n. 3, p. 280-299, 2007.

PASCOAL, H. N. P. **Comportamento e relações intergrupais:** a relação entre contacto e preconceito numa amostra de estudantes universitários. 2017. 62 f. Dissertação (Mestrado) – Escola de Psicologia e Ciências da Vida, Universidade Lusófona de Humanidades e Tecnologias, Lisboa, 2017.

PASUKANIS, E. B. **A teoria geral do direito e o marxismo**. Tradução de Paulo Bessa. Rio de Janeiro: Renovar, 1989.

PATEMAN, C. **O contrato sexual**. Tradução de Marta Avancini. Rio de Janeiro: Paz e Terra, 1993.

PAULA, L. de; DOMINGUES, J. Feitos da bolha: conservadorismo e militância digital no caso Queermuseu. **Mídia e cotidiano**, v. 14, n. 3, p. 76-96, set./dez. 2020. Disponível em: https://periodicos.uff.br/midiaecotidiano/article/download/43158/26174/153884. Acesso em: 5 jul. 2021.

PAULA, L. D. de. **Diversidade e desconstrução de preconceitos:** estudo de práticas decorrentes de projeto em escola pública do DF. 2019. 155 p. Dissertação (Mestrado em Processos de Desenvolvimento Humano e Saúde) – Instituto de Psicologia, Universidade de Brasília, Brasília, 2019.

PAULO NETTO, J. **O que é marxismo**. 9. ed. São Paulo: Brasiliense, 2006.

PAULO NETTO, J. Georg Lukács: um exílio na pós-modernidade. *In:* PINASSI, M. O.; LESSA, S. (org.). **Lukács e a atualidade do marxismo**. São Paulo: Boitempo Editorial, 2002. p. 77-101.

PAULO NETTO, J. P.; BRAZ, M. **Economia Política:** uma introdução crítica. São Paulo: Cortez, 2006.

PEIXOTO, V. B. Violência contra LGBTs: premissas históricas da violação no Brasil. **Periódicus**, Salvador, v. 1, n. 10, p. 7-23, nov. 2018/abr. 2019. Disponível em: https://periodicos.ufba.br/index.php/revistaperiodicus/article/view/28014. Acesso em: 15 jun. 2021.

PEDREIRA, A. J. L. A.; MOURA, K. Q. R. Educação para a sexualidade no primeiro ano do ensino médio: uma abordagem prática. **Kiri-kerê: Pesquisa em Ensino**, Vitória, n. 11, p. 139-164, dez. 2021. Disponível em: https://periodicos.ufes.br/kirikere/article/view/36005/24479. Acesso em: 21 abr. 2022.

PEREIRA, A. B. **"A maior zoeira":** experiências juvenis na periferia de São Paulo. 2010. Tese (Doutorado em Antropologia Social) – Faculdade de Filosofia, Letras e Ciências Humanas, Universidade de São Paulo, São Paulo, 2010. Acesso em: 8 jun. 2022.

PEREIRA, B. O. *et al.* Prevenção do Bullying no Contexto Escolar: Implementação e Avaliação de um Programa de Intervenção. *In:* PEREIRA, P.; VALE, S.; CARDOSO, A. (ed.). **Livro de Atas do XI Seminário Internacional de Educação Física, Lazer e Saúde - SIEFLAS**. Perspetivas de Desenvolvimento num Mundo

Globalizado. Porto: Escola Superior de Educação, Instituto Politécnico do Porto, 2015. p. 535-544.

PERRENOUD, P. **Dez novas competências para ensinar**. Tradução de Patrícia Chittoni Ramos. Porto Alegre: Artmed, 2000.

PERRENOUD, P. **Práticas pedagógicas, profissão docente e formação:** perspectivas sociológicas. 2. ed. Lisboa: Dom Quixote, 1997.

PIKETTY, T. **O capital no século XXI**. Tradução de Monica Baumgarten de Bolle. Rio de Janeiro: Intrínseca, 2014.

PINTO, Á. V. **Consciência e realidade nacional:** volume I: a consciência ingênua. Rio de Janeiro: Contraponto, 2020.

PLATÃO. **A República**. Tradução de Maria Helena da Rocha Pereira. 9. ed. Lisboa: Fundação Calouste Gulbenkian, 2001.

QUEEN, C.; SCHIMEL, L. (ed.). **PoMoSexuals:** challenging assumptions about gender and sexuality. San Francisco: Cleiss Press, 1997.

RAMONET, I. **Guerras do século XXI:** novos temores e novas ameaças. Tradução de Lucy Magalhães. Petrópolis, RJ: Vozes, 2003.

RAPHAEL, F. **Antiquity matters**. New Haven: Yale University Press, 2017.

RASPE, R. E. **As surpreendentes aventuras do Barão de Munchausen:** em XXXIV capítulos. Tradução de Cláudio Marcondes. São Paulo: Cosac Naify, 2014.

REIS, T. (org.). **Manual de Comunicação LGBTI+**. 2. ed. Curitiba: Aliança Nacional LGBTI / GayLatino, 2018.

REIS, T. **Homofobia no ambiente educacional:** o silêncio está gritando. Curitiba: Appris, 2015.

REIS, T.; EGGERT, E. Ideologia de gênero: uma falácia construída sobre os planos de educação brasileiros. **Educ. Soc.**, Campinas, v. 38, n. 138, p. 9-26, jan./mar. 2017. Disponível em: https://www.scielo.br/j/es/a/htcmPttvFjg4sb8rYT8CzPD/abstract/?lang=pt. Acesso em: 10 jun. 2021.

RESENDE, R. Eleição tem recorde de pessoas trans eleitas para Câmaras de Vereadores. **Rádio Senado**, 18 nov. 2020. Disponível em: https://www12.senado.leg.br/radio/1/noticia/2020/11/18/eleicao-tem-recorde-de-pessoas-trans-eleitas-para-camaras-de-vereadores. Acesso em: 5 ago. 2021.

RESSEL, L. B. *et al.* O uso do grupo focal em pesquisa qualitativa. **Texto Contexto Enferm**, Florianópolis, v. 17, n. 4, p. 779-786, out./dez. 2008. Disponível em: https://www.scielo.br/j/tce/a/nzznnfzrCVv9FGXhwnGPQ7S/?lang=pt. Acesso em: 6 set. 2021.

REYNOLDS, P. Considerações sobre o marxismo, teorizando a sexualidade e as políticas sexuais. **Revista Movimento**, set. 2017. Tradução de Giovanna Marcelino. Disponível em: https://movimentorevista.com.br/2017/09/marxismo--sexualidade-feminismo-lgbt/ Acesso em: 28 abr. 2022.

RIBEIRO, S. P. F. Lutas sociais contemporâneas: entre os desígnios pós-modernos e os imperativos da classe trabalhadora. *In:* ABRAMIDES, M. B.; DURIGUETTO, M. L. (org.). **Movimentos sociais e serviço social:** uma relação necessária. São Paulo: Cortez, 2014. p. 102-118.

RIBEIRO, D. **O que é:** lugar de fala? Belo Horizonte: Letramento, 2017.

RICH, A. Heterossexualidade compulsória e existência lésbica. **Bagoas:** estudos gays, gêneros e sexualidades, Natal, v. 4, n. 5, p. 17-44, jan./jun. 2010.

ROCHLIN, M. **Heterosexual Questionnaire**. Gender and Sexuality Center, University of Tulane at Austin, 1972. Disponível em: https://www.uwgb.edu/UWGBCMS/media/pride-center/files/pdf/Heterosexual_Questionnaire.pdf. Acesso em: 18 abr. 2022.

RODRIGUES, C. Neste 1.º de abril, relembre nove fake news que marcaram o cenário político do Brasil. **Brasil de Fato**, abr. 2019. Disponível em: https://www.brasildefato.com.br/2019/04/01/neste-1o-de-abril-relembre-nove-fakenews-que-marcaram-o-cenario-politico-do-brasil. Acesso em: 12 abr. 2020.

RUBIN, G. **Políticas do sexo**. Tradução de Jamille Pinheiro Dias. São Paulo: Ubu Editora, 2017.

RUSSO, K.; ARREGUY, M. E. Projeto "Saúde e Prevenção nas Escolas": percepções de professores e alunos sobre a distribuição de preservativos masculinos no ambiente escolar. **Physis - Revista de Saúde Coletiva**, Rio de Janeiro, v. 25, n. 2, p. 501-523, abr./jun. 2015.

RUY, J. C. "Pós modernidade", moda cultural do neoliberalismo. **Vermelho**, set. 2011. Não paginado. Disponível em: https://vermelho.org.br/2011/09/17/pos-modernidade-moda-cultural-do-neoliberalismo/. Acesso em: 22 maio 2022.

SAFFIOTI, H. I. B. **O poder do macho**. São Paulo: Moderna, 1987.

SAFFIOTI, H. I. B. **Gênero, patriarcado e violência**. 2. ed. São Paulo: Expressão popular: Fundação Perseu Abramo, 2015.

SALGUEIRO, J. E. Homossexualidade masculina: comportamento, orientação e identidade. **Psicol. teor. prat.**, São Paulo, v. 18, n. 1, p. 60-74, abr. 2016. Disponível em: http://pepsic.bvsalud.org/scielo.php?script=sci_arttext&pid=S1516-36872016000100005&lng=pt&nrm=iso. Acesso em: 30 maio 2022.

SAMPIERI, R. H.; COLLADO, C. F.; LUCIO, M. del P. B. **Metodologia de pesquisa**. Tradução de Daisy Vaz de Moraes. 5. ed. Porto Alegre: Penso, 2013.

SÁNCHEZ, P. K. V. Sin heterosexualidad obligatoria no hay capitalismo. **La Critica**, set. 2015. Disponível em: http://www.la-critica.org/sin-heterosexualidad-obligatoria-no-hay-capitalismo/#_ftn14. Acesso em: 6 abr. 2022.

SANDBERG, S.; SCOVELL, N. **Lean *In:*** women, work, and the will to lead. New York: Alfred A. Knopf, 2013.

SANFELICE, J. L. Sala de aula: intervenção no real. *In:* MORAIS, R. de (org.). **Sala de aula: que espaço é esse?** 22. ed. Campinas, SP: Papirus, 2009.

SANTOS, B. de S.; NUNES, J. A. Introdução: para ampliar o cânone do reconhecimento, da diferença e da igualdade. *In:* SANTOS, B. de S. (org.). **Reconhecer para libertar:** os caminhos do cosmopolitismo multicultural. Rio de Janeiro: Civilização Brasileira, 2003.

SASSE, C. Recordista em desigualdade, país estuda alternativas para ajudar os mais pobres. **Agência Senado**, mar. 2021. Disponível em: https://www12.senado.leg.br/noticias/infomaterias/2021/03/recordista-em-desigualdade-pais-estuda-alternativas-para-ajudar-os-mais-pobres. Acesso em: 22 out. 2021.

SAVIANI, D. Trabalho e educação: fundamentos ontológicos e históricos. **Revista Brasileira de Educação**, v. 12, n. 34, p. 152-180, jan./abr. 2007. Disponível em: https://www.scielo.br/j/rbedu/a/wBnPGNkvstzMTLYkmXdrkWP/?lang=pt&-format=pdf. Acesso em: 14 abr. 2022.

SAVIANI, D. **Educação:** do senso comum à consciência filosófica. 19. ed. Campinas: Autores Associados, 2013.

SAWAIA, B. Introdução: Exclusão ou inclusão perversa? *In:* SAWAIA, B. (org.). **As artimanhas da exclusão:** análise psicossocial e ética da desigualdade social. 8. ed. Petrópolis, RJ: Vozes, 2008. p. 7-13.

SAWAIA, B. B. Transformação social: um objeto pertinente à Psicologia Social?. **Psicologia & Sociedade**, p. 4-17, 2014. Disponível em: https://www.scielo.br/j/psoc/a/Wx4KxGgWWrK57tqYxQS4Zhx/?format=pdf&lang=pt. Acesso em: 24 abr. 2022.

SCHMITT, C. **O conceito do político**. Tradução de Álvaro L. M. Valls. Petrópolis, RJ: Vozes, 1992.

SCHMIDT, S. J. A queer arrangement of school: using spatiality to understand inequity. **Journal of Curriculum Studies**, v. 47, n. 2, p. 253-273, 2015.

SCOTT, J. W. Gênero: uma categoria útil para a análise histórica. **Cadernos de História UFPE**, v. 11, n. 11, p. 9-39, 2016. Disponível em: https://periodicos.ufpe.br/revistas/cadernosdehistoriaufpe/article/view/109975/21914. Acesso em: 6 jan. 2022.

SCOTT, J. W. Entrevista com Joan Wallach Scott - entrevista a Miriam Grossi, Maria Luiza Heilborn e Carmem Rial. **Estudos Feministas**, v. 6, n. 1, p. 114-124, 1998.

SEKI, A. K.; SOUZA, A. G. de.; EVANGELISTA, O. O crescimento perverso das licenciaturas privadas. *In:* EVANGELISTA, O. *et al.* **Desventuras dos professores na formação para o capital**. Campinas: Mercado de Letras, 2019.

SENA, A.; SOUSA, G.; BRITO, M. **Entendendo a diversidade sexua**l. Salvador: ESDEP, 2018.

SEVERO, R. A. O. **Gênero e sexualidade**: grupos de discussão como possibilidade formativa. Jundiaí: Paco Editorial, 2013.

SHANKMAN, P. **The trashing of Margaret Mead:** anatomy of an anthropological controversy. Madison: The University of Wisconsin Press, 2009.

SHERIF, M.; HARVEY, O. J.; WHITE, B. J.; HOOD, W. R. **The robbers cave experiment:** intergroup conflict and cooperation. Middletown, Connecticut: Wesleyan University Press, 1988.

SILVA JÚNIOR, E. de D. **A possibilidade jurídica de adoção por casais homossexuais**. 5. ed. Curitiba: Juruá, 2011.

SILVA, T. T. da. A produção social da identidade e da diferença. *In:* SILVA, Tomaz Tadeu da (org.). **Identidade e diferença:** a perspectiva dos Estudos Culturais. 6. ed. Petropólis, RJ: Vozes, 2006. p. 73-102.

SILVA, J. E. da. Aplicação dos núcleos de significação como método de análise para entrevista: a escolha profissional de um adolescente. **Publ. UEPG Ci. Soc. Apl.**, Ponta Grossa, v. 25, n. 3, p. 387-401, set./dez. 2017. Disponível em: https://revistas.uepg.br/index.php/sociais/article/view/9835. Acesso em: 11 abr. 2022.

SILVA, D. S.; PAVELTCHUK, F. Olhares atentos: sobre a escola e a heteronormatividade. *In:* BICALHO, P. P. G. de; CIDADE, M. L. R.; CUNHA, T. C.; MATOS, A. A. **Gênero e diversidade na escola:** práticas transversais, polifônicas, compartilhadas, inquietas. Rio de Janeiro: Universidade Federal do Rio de Janeiro, 2014.

SILVA, T. T. da. Identidade e diferença: impertinências. **Educ. Soc.**, Campinas, v. 23, n. 79, ago. 2002, p. 65-66.

SILVA, Á. S. **Educação Sexual, Escola e Família:** Uma Revisão Integrativa. 2018. 25 p. Monografia (Especialização em Saúde) – Curso de Curso de Pós-Graduação Lato Sensu em Saúde da Família/gestão em Saúde, Instituto de Ciências da Saúde, Universidade da Integração Internacional da Lusofonia Afrobrasileira, Redenção, 2018.

SILVA, C. S. F. da; BRANCALEONI, A. P. L.; OLIVEIRA, R. R. de. Base Nacional Comum Curricular e diversidade sexual e de gênero: (des)caracterizações. **Revista Ibero-Americana de Estudos em Educação**, Araraquara, v. 14, n. esp. 2, p. 1538-1555, jul. 2019. Disponível em: https://periodicos.fclar.unesp.br/iberoamericana/article/view/12051/8347. Acesso em: 20 abr. 2022.

SILVA, L. R. da. **Psicologia e sexualidade:** uma análise da formação acadêmica a partir dos atravessamentos da (in)visibilidade de gênero e diversidade sexual nos currículos. Dissertação (Mestrado em Educação Sexual) – Faculdade de Ciências e Letras Campus de Araraquara, Universidade Estadual Paulista - UNESP. Araraquara, 2020. Disponível em: https://prceu.usp.br/wp-content/uploads/2021/04/silva_lr_me_arafcl.pdf. Acesso em: 25 maio 2022.

SILVA, A. N. do N. **Homossexualidade e discriminação:** o preconceito sexual internalizado. 2007. 390 f. Tese (Doutorado em Psicologia) – Pontifícia Universidade Católica do Rio de Janeiro, Rio de Janeiro, 2007.

SILVA, T. T. da. Identidade e diferença: impertinências. **Educação & Sociedade**, ano XXIII, n. 79, ago. 2002, p. 65-66. Disponível em: https://www.scielo.br/j/es/a/CsCdCPbw7XVmXSVBQXpxkdx/?lang=pt&format=pdf. Acesso em: 7 jun. 2022.

SIMAKAWA, V. V. **Por inflexões decoloniais de corpos e identidades de gênero inconformes:** uma análise autoetnográfica da cisgeneridade como normatividade. 2015. 244 p. Dissertação (Mestrado) – Universidade Federal da Bahia, Salvador, 2015.

SIMÕES NETO, J. P.; ZUCCO, L.; MACHADO, M. das D.; PICCOLO, F. A produção acadêmica sobre diversidade sexual. **Em pauta**, Rio de Janeiro, v. 9, n. 28, p. 65-81, dez. 2011. Disponível em: https://nusserge.paginas.ufsc.br/files/2020/05/NETO-J-ZUCCO-L-MACHADO-M-PIC COLO-F.-A-produ%C3%A7%C3%A3o-a-cad%C3%AAmica-sobre-diversidade-sexual.-2011.pdf. Acesso em: 23 abr. 2022.

SOARES, M. A. de A. **Gênero, sexualidade e infecções sexualmente transmissíveis na adolescência:** a percepção dos professores. 2019. Dissertação (Mestrado em Educação) – Programa de Pós-Graduação em Educação, Universidade Católica Dom Bosco, Campo Grande, 2019.

SONTAG, S. **Questão de ênfase**. São Paulo: Editora Schwarcz, 2005. E-book.

SOUSA, R. M. de. **O estigma na escola:** A produção do "aluno-problema". 2008. 67 p. Monografia (Graduação) – Faculdade de Formação de Professores, Universidade do Estado do Rio de Janeiro, São Gonçalo, 2008.

SOUZA; V. L. T. de; ANDRADA, P. C. de. Contribuições de Vigotski para a compreensão do psiquismo. **Estudos de Psicologia**, Campinas, v. 30, n. 3, p. 355-365, jul./set. 2013. Disponível em: https://www.scielo.br/j/estpsi/a/F937bxTgC9G-gpBJ8QhCKs6F/?format=pdf&lang=pt. Acesso em: 1 maio 2022.

SOUZA, L. K. DE. Recomendações para a realização de grupos focais na pesquisa qualitativa. **PSI UNISC**, v. 4, n. 1, p. 52-66, jan. 2020. Disponível em: https://online.unisc.br/seer/index.php/psi/article/view/13500. Acesso em: 4 abr. 2022.

SOUZA, R. A. de *et al.* Homossexualidade e atuação profissional: um estudo no ambiente profissional da educação. Adm 2018. *In:* **Anais [...]** Congresso Internacional de Educação. p. 1-16. Disponível em: https://admpg2018.com.br/anais/2018/arquivos/05052018_130549_5aeddad1cf236.pdf. Acesso em: 27 mar. 2022.

SOUZA, L. Violência contra professores e alunos cresce na rede pública paulista. **Agência Brasil**, 2019. Disponível em: https://agenciabrasil.ebc.com.br/educacao/noticia/2019-12/violencia-contra-professores-e-alunos-cresce-na-rede-publica-paulista. Acesso em: 17 maio 2022.

SOUZA JUNIOR, P. R. A questão de gênero, sexualidade e orientação sexual na atual Base Nacional Curricular (BNCC) e o movimento LGBTTQIS. **Revista de**

Gênero, Sexualidade e Direito, Salvador, v. 4, n. 1, p. 1-21, jan./jun. 2018. Disponível em: https://indexlaw.org/index.php/revistagsd/article/view/3924/pdf. Acesso em: 12 maio 2022.

SOUZA, F. R. B. de; LORENTZ, L. N. O princípio da igualdade e as perspectivas antiga e moderna. **Meritum,** Belo Horizonte, v. 3, n. 1, p. 51-79, jan./jun. 2008.

SUCHODOLSKI, B. **Teoria marxista da educação**. Tradução de Maria Carlota Melo. Lisboa: Editorial Estampa, 1976. v. 1.

SUPREMO TRIBUNAL FEDERAL. Dia da Visibilidade Trans: confira decisões do STF que garantiram direitos de travestis e transexuais. **Imprensa,** jan. 2021. Disponível em: http://portal.stf.jus.br/noticias/verNoticiaDetalhe.asp?idConteudo=459537&ori=1. Acesso em: 10 jun. 2021.

SZYMANSKI, H. **A relação família/escola:** desafios e perspectivas. 2. ed. Brasília: Liber Livro, 2011.

TAJFEL, H.; TURNER, J. An integrative theory of intergroup conflict. *In:* AUSTIN, W. G.; WORCHEL, S. (ed.). **The social psychology of intergroup relations**. Monterey, CA: Brooks/Cole, 1979. p. 33-47.

TARDIF, M. **Saberes docentes e formação profissional.** Tradução de Francisco Pereira. 13. ed. Petrópolis, RJ: Vozes, 2012.

TAVARES, A. O. de A. **"Tô de minissaia, não te devo nada":** vestimenta como elemento político na Marcha das Vadias Recife - PE. 133 p. Dissertação (Mestrado em Antropologia) – Departamento de Antropologia e Museologia, Universidade Federal de Pernambuco, 2020.

TAYLOR, F. W. **Princípios de administração científica.** Tradução de Arlindo Vieira Ramos. 8. ed. São Paulo: Atlas, 1990.

TENENBAUM, T. **El fin del amor:** amar y follar en el siglo XXI. Barcelona: Seix Barral, 2021.

TINEU, R. Ensaio sobre a teoria das classes sociais em Marx, Weber e Bourdieu. **Aurora:** revista de arte, mídia e política, São Paulo, v. 10, n. 29, p. 89-107, jun./ set. 2017. Disponível em: https://revistas.pucsp.br/index.php/aurora/article/ view/33734. Acesso em: 24 abr. 2022.

TODOROV, T. **O espírito das luzes**. Tradução de Mônica Cristina Corrêa. São Paulo: Editora Barcarolla, 2008.

TORRES, M. A. **A diversidade sexual na educação e os direitos de cidadania LGBT na escola**. 2. ed. Belo Horizonte: Autêntica, 2013.

TREVISAN, J. S. **Devassos no paraíso:** a homossexualidade no Brasil, da colônia à atualidade. 3. ed. Rio de Janeiro: Record, 2000.

TREVISAN, J. S. **Seis balas num buraco só:** a crise do masculino. 2. ed. Rio de Janeiro: Editora Schwarcz, 2021. E-book.

TUTIAUX-GUILLON, N. Le difficile enseignement des "questions vives" en histoire-géographie. *In:* LEGARDEZ, A.; SIMONNEAUX, L. (coord.). **L'école à l'épreuve de la vie. Enseigner les questions vives**. Issy-les-Moulineaux: ESF éditeur, 2006. p. 119-135.

UNESCO. **Declaração de Salamanca.** Sobre Princípios, Políticas e Práticas na Área das Necessidades Educativas Especiais. Disponível em: http://portal.mec. gov.br/seesp/arquivos/pdf/salamanca.pdf Acesso em: 21 maio 2022.

UNESCO. **Informe de Seguimiento de la Educación en el Mundo 2020**: Inclusión y educación: Todos y todas sin excepción. París: UNESCO, 2020.

VEIGA, I. P. A. Perspectivas para reflexão em torno do projeto político-pedagógico. *In:* VEIGA, I. P. A.; RESENDE, L. M. G. de. (org.). **Escola:** espaço do projeto político-pedagógico. 10. ed. Campinas: Papirus Editora, 2006. p. 8-32.

VENÂNCIO, J.; COSTA, D. Consequências da (não) revelação da homossexualidade e preconceito sexual: O ponto de vista das pessoas homossexuais. **Psicologia**, *[S. l.]*, v. 26, n. 1, p. 33-53, 2012. Disponível em: https://revista.appsicologia.org/ index.php/rpsicologia/article/view/261. Acesso em: 21 abr. 2022.

VENCATO, A. P.; SILVA, R. L. da; ALVARENGA, R. L. A educação e o presente instável: repercussões da categoria "ideologia de gênero" na construção do respeito às diferenças. **Rev. psicol. polít.**, São Paulo, v. 18, n. 43, p. 587-598, dez. 2018. Disponível em: http://pepsic.bvsalud.org/scielo.php?script=sci_arttext&pid=S1519-549X2018000300 010&lng=pt&nrm=iso. Acesso em: 21 maio 2022.

VIEIRA, I. IBGE identifica 60 mil casais gays no país. **Agência Brasil**, out. 2012. Disponível em: https://memoria.ebc.com.br/agenciabrasil/noticia/2012-10-17/ ibge-identifica-60-mil-ca sais-gays-no-pais. Acesso em: 22 out. 2021.

VIEIRA, P. M.; MATSUKURA, T. S. Modelos de educação sexual na escola: concepções e práticas de professores do ensino fundamental da rede pública. **Revista Brasileira de Educação**, v. 22, n. 69, abr./jun. 2017, p. 453-474. Disponível em:

https://www.scielo.br/j/rbedu/a/LVjDxGRKtkZTwX4kSNzmQ8v/?format=pdf&lang=pt. Acesso em: 20 abr. 2022.

VIGOTSKI, L. S. **A formação social da mente:** o desenvolvimento dos processos psicológicos superiores. Tradução de José Cipolla Neto, Luís Silveira Menna Barreto e Solange Castro Afeche. 7. ed. São Paulo: Martins Fontes, 2007.

VIGOTSKI, L. S. **A construção do pensamento e da linguagem.** Tradução de Paulo Bezerra. São Paulo: Martins Fontes, 2001.

VYGOTSKI, L. S. **Obras escogidas II:** Problemas de Psicología General. Tradução de José Maria Bravo. Madrid: An. Machado Libros, 2001.

VYGOTSKI, L. S. **Obras escogidas III:** Historia del desarrollo de las funciones psíquicas superiores. Madrid: Visor, 2000.

VYGOTSKI, L. S. **Obras escogidas IV:** Psicología infantil. Tradução de Lydia Kuper. Madrid: A. Machado, 2006.

VYGOTSKI, L. S. **Obras escogidas V:** Fundamentos de defectología. Tradução de Julio Guillermo Blank. Madrid: Visor, 1997.

VYGOTSKY, L. **Thought and language.** Translated by Eugenia Hanfmann, Gertrude Vakar and Alex Kozulin. Cambridge: Massachusetts Institute of Technology, 2012.

VOLÓCHINOV, V. **Marxismo e filosofia da linguagem:** problemas fundamentaïs do método sociológico na ciência da linguagem. Tradução de Sheila Grillo e Ekaterina Vólkova Américo. 2. ed. São Paulo: Editora 34, 2018.

WEBER, D. **Boletim Aprendizagem em Foco.** Instituto Unibanco, n.º 61, maio de 2021. Disponível em: https://www.institutounibanco.org.br/wp-content/uploads/2021/05/boletim-61-matriz-c ne-2.pdf. Acesso em: 7 abr. 2022.

WELZER-LANG, D. Déconstruirele masculin, problèmes épistémologiques. **Travailler**, v. 3, p. 55-71, 1999. Disponível em: https://psychanalyse.cnam.fr/medias/fichier/textewelzer3_1306850482238.pdf. Acesso em: 5 set. 2021.

WILLCOX, A. Valores na formação de um professor e alguns princípios éticos. **Blog Educar**, jul. 2019. Disponível em: https://educaretcbr.wordpress.com/2019/07/10/valores-na-formacao-de-um-professor-e-alguns-principios--eticos/. Acesso em: 26 maio 2022.

WILDE, O. **De profundis.** São Paulo: Tordesilhas, 2014.

WITTIG, M. **El pensamiento heterosexual y otros ensayos**. Traducción de Javier Sáez y Paco Vidarte. Madrid: Editorial Egales, 2006.

WOOD, E. M. **Democracia contra capitalismo:** a renovação do materialismo histórico. São Paulo: Boitempo, 2006.

WOOD, E. M. O que é a agenda "pós-moderna"? *In:* WOOD, E. M.; FOSTER, J. B. (org.). **Em defesa da história:** marxismo e pós-modernismo. Tradução de Ruy Jungmann. Rio de Janeiro: Jorge Zahar Ed., 1999. p. 7-22.

WOLF, S. **Sexualidade e socialismo:** história, política e teoria da libertação LGBT. Tradução de Coletivo LGBT Comunista. São Paulo: Autonomia, 2021.

YOUNG, I. M. **Justice and politics of difference**. Princeton, N.J.: Princeton University Press, 2011.

ZANATTA, L. F. *et al.* A educação em sexualidade na escola itinerante do MST: percepções dos(as) educandos(as). **Educ. Pesqui.**, São Paulo, v. 42, n. 2, p. 443-458, jun. 2016. Disponível em: http://old.scielo.br/scielo.php?script=sci_arttext-t&pid=S1517-97022016000200443&ln g=en&nrm=iso. Acesso em: 30 maio 2022.

ZAPPELLINI, M. B.; FEUERSCHÜTTE, S. G. O uso da triangulação na pesquisa científica brasileira em administração. **Administração**: Ensino e Pesquisa, v. 16, n. 2, p. 241-273, 2015.